lesahogo acerca de tu trabajo. Sus páginas están repletas de fascinantes anécdotas y soluciones viables para el trabajador moderno.

Devin Tomb, editora asociada de estilo de vida, *SELF*

He aquí una ayuda clara y práctica para los millones de estadounidenses que están recargados de trabajo e infravalorados, sintiéndose atrapados en el callejón sin salida de un trabajo sin futuro. En *Supera un lugar de trabajo tóxico*, descubrirás opciones que no sabías que tenías para enfrentarlo o renunciar. Una excelente lectura.

Jack Modesett, socio de *Vega Energy*

Muchas personas se sienten atrapadas en situaciones tóxicas de trabajo, son víctimas de la humillación y de la intimidación, o anhelan reconocimiento. *Supera un lugar de trabajo tóxico* no solo relata historias de violencia contra el espíritu, sino que también señala el camino para vencer y transformarse, tal y como Oswald Chambers describiera la salud como «la necesidad de una vitalidad interior suficiente contra las cosas del exterior»

Marshall Shelley, editor en jefe de *Leadership Journal*

Supera un lugar de trabajo tóxico es lectura obligatoria si trabajas para un gerente tóxico o en un lugar de trabajo tóxico. Los ejemplos de la vida real que presentan Gary Chapman, Paul White y Harold Myra te ayudarán a darte cuenta de que «la hierba sí puede ser más verde al otro lado» y que nadie debería tolerar los abusos en los lugares de trabajo.

Peter W. Hart, director general de *Rideau Recognition Solutions*

La tolerancia silenciosa de la toxicidad crea un caos intolerable. Champan, White y Myra corren las cortinas y revelan el verdadero costo de los lugares de trabajo impracticables. En este bien investigado libro, estos notables autores le dan voz a la irritante sensación de fracaso y temor que quizá experimentemos nosotros o nuestros seres queridos. Sin embargo, no nos dejan en la desesperación, sino que nos facilitan unos buenos recursos para evaluar y actuar.

Brenda A. Smith, presidenta y funcionaria ejecutiva de *Breakfast with Fred Leadership Institute*, BWF Project, Inc.

En algún momento, necesitamos entender que en cada lugar de trabajo se experimenta cierto nivel de toxicidad. Una vez que aceptamos esta realidad, *Supera un lugar de trabajo tóxico* les ofrece a empleados y líderes por igual un camino para llegar a comprender el origen de esto junto con una manera de pensar sencilla y práctica que puede ayudar a reducir y minimizar los resultados negativos. Es una lectura amena que todo activista profesional de recursos humanos creíble deseará presentarles a sus clientes de negocios.

Joel Lamoreaux, consultor para la eficacia de las organizaciones, *Deluxe Corp.*

Demasiado a menudo, las organizaciones modernas no son saludables. La toxicidad, a pesar de los intentos por acabarla, sigue aflorando en lugares nuevos e inesperados. En *Supera un lugar de trabajo tóxico*, encontrarás descripciones e ilustraciones realistas que identifican las culturas de trabajo que generan frustración y ansiedad. Aprecio en especial el consejo práctico, y las recomendaciones que mitigan el dolor, que se les da a los trabajadores que sufren las negativas consecuencias de la toxicidad que tanto daño le hacen a la productividad. Les aconsejaría, tanto a los líderes como a los trabajadores en general, que leyeran este libro; úsenlo como un recurso que les ayude a disminuir su frustración y a incrementar el compromiso con su lugar de trabajo.

Dr. Lester J. Hirst, gerente para la eficacia en el cambio, *Compassion International*

Me encanta la forma en que los autores enfocan el ambiente tóxico desde diferentes perspectivas y situaciones. Esto me ayudó a realizar firmes conexiones como empleado y también como líder. Cualquier lector obtendrá en este libro unos consejos saludables y sólidos, tanto si se encuentra en un ambiente tóxico, como si trata de impedir que surja uno. Las obras de consulta citadas también constituyen excelentes recursos para un programa continuo de desarrollo personal. El impactante estilo de este libro lo transforma de ser solo un libro de «cómo hacer» a uno de «cómo ser».

Dan Agne, gerente principal, *National Sales Training*, SimplexGrinnel

Supera un lugar de trabajo tóxico es un libro absolutamente necesario en la era de la intimidación y la apatía en la asistencia médica. Las numerosas historias de personas que superaron sus situaciones tóxicas nos ayudan a darnos cuenta de que también nosotros las podemos superar. El enfoque de este libro no es de un excesivo optimismo cualquiera. Las «Estrategias de supervivencia» y las «Lecciones de liderazgo» tomadas del mundo real que aparecen en cada capítulo ofrecen pasos concretos de acción. Las «Preguntas para comentar» llevan a una comprensión más profunda de las situaciones.

Dra. Kathy Schoonover-Shoffner, enfermera titulada, *Nurses Christian Fellowship USA*, editora de *Journal of Christian Nursing*

Chapman, White y Myra le ofrecen unos compasivos consejos a todo el que se halle atrapado en un ambiente de trabajo degradante. Sus palabras de consuelo se hallan a la altura de sus consejos prácticos y su llamado a la valentía. Muestran, con relevantes historias, cómo se pueden dar los pasos necesarios para superar los desafíos, incluso cuando se enfrenta la intimidación. Aquí hay sabiduría, no solo para la persona joven que lucha por abrirse paso en una economía difícil, sino también para los supervisores que quieren crear un lugar de trabajo donde haya integridad, empatía y confianza.

Mark Sargent, rector del *Westmont College*, Santa Bárbara, California

SUPERA UN LUGAR DE TRABAJO TÓXICO

PAUL WHITE • HAROLD MYRA
GARY CHAPMAN

Unilit   Sepa

Publicado por
Unilit
Medley, FL 33166

Traducción: *Dr. Andrés Carrodeguas*
Fotografías e ilustraciones: © 2015 ArtFamily, Leremy, serazetdinov. Usadas con permiso de Shutterstock.com.

Las historias en este libro son reales, pero muchos nombres y detalles se cambiaron a fin de proteger el derecho a la privacidad.

El texto bíblico ha sido tomado de:
La Santa Biblia, *Nueva Versión Internacional*®. NVI®. Propiedad literaria © 1999 por Bíblica, Inc.™
Usado con permiso. Reservados todos los derechos mundialmente.
La Santa Biblia, Nueva Traducción Viviente, © Tyndale House Foundation, 2008, 2009, 2010. Usado con permiso de Tyndale House Publishers, Inc., 351 Executive Dr., Carol Stream, IL 60188, Estados Unidos de América. Todos los derechos reservados. Usadas con permiso.

Producto 495867 • ISBN 0-7899-2254-1 • ISBN 978-0-7899-2254-0
eBook ISBN 0-7899-5824-4 / 978-0-7899-5824-2

Impreso en Colombia
Printed in Colombia

Categoría: Vida cristiana / Vida práctica / Autoayuda
Category: Christian Living / Practical Life / Self-Help

Este libro está dedicado a todos los que se encuentran en lugares donde es difícil trabajar.

Les deseamos que encuentren alivio, y la capacidad y el valor para hacer lo que sea mejor para ustedes.

CONTENIDO

Introducción...9

1 El surgimiento del lugar de trabajo tóxico.........................13

2 Las muchas caras del jefe tóxico.....................................31

3 Valoración: Lugares geniales para trabajar.......................49

4 Los venenos ocultos en organizaciones

sin fines de lucro e iglesias..63

5 Pequeños asesinatos en marcha.....................................79

6 Conejos en la autopista..93

7 Descenso al lado oscuro..107

8 Receta para el cinismo..119

Guía y recursos de supervivencia.................................129

Observaciones finales..173

Reconocimientos..174

Acerca de los Autores..175

INTRODUCCIÓN

CONFLICTO, SUFRIMIENTO Y ENOJO, mala comunica-ción, falta de reconocimiento... Durante décadas he tratado de ayudar a hombres y mujeres a enfrentarse con estos problemas en su matrimonio. Hoy en día, son numerosas las personas que experimentan estas mismas realidades dolorosas en su trabajo. Hace algunos años me asocié con el Dr. Paul White para escribir *Los cinco lenguajes del aprecio en el trabajo*. La respuesta del público ante este libro nos ha hecho sentir muy alentados. Hemos descubierto que el clima emocional en las relaciones de trabajo se puede mejorar en gran medida cuando las personas descubren entre sí los lenguajes que usan para expresar su agradecimiento. Sin embargo, puesto que Paul hizo varios proyectos piloto antes que escribiéramos el libro, y ha sido consultor de una amplia variedad de organizaciones desde que lo publicamos, nos hemos llegado a dar cuenta de las disfunciones destructivas que existen en una gran cantidad de organizaciones.

Son incontables los empleados que sufren en unos lugares de trabajo tóxicos, y tal vez tú seas uno de ellos. Si no lo eres, es muy probable que tengas amigos o parientes que trabajen en este tipo de ambientes venenosos. Cuando decidí asociarme con el Dr. White y Harold Myra, quien también ha tenido décadas de experiencia en el mundo de los negocios, todos nos sorprendimos del número de historias que habíamos escuchado a lo largo de los años acerca de los maltratos que reciben los empleados. Me imagino que si hablas de este tema con tus amigos, descubrirás que muchos también te van a relatar su experiencia personal en cuanto a trabajar en una cultura venenosa.

Uno de los relatos más dolorosos que he escuchado me lo hizo un amigo que estuvo dando clases de Matemática en las escuelas públicas durante dieciocho años. Tenía un récord estelar de tomar niños que no rendían lo suficiente y llevarlos hasta unos niveles superiores al promedio. Invertía horas en darles tutoría gratuita a los niños después de las clases. Los demás maestros lo admiraban. Todo iba muy bien, hasta que llegó un nuevo director y le comenzó a encontrar faltas a este maestro. Su aula parecía desorganizada y su escritorio atestado de papeles. El director le dio veinticuatro horas para poner en orden su aula y su escritorio. Le dijo que había recibido quejas de los padres en cuanto a su enseñanza. Sin embargo, cuando el maestro le preguntó: «¿Qué quejas y qué padres?», hubo un silencio. Día tras día, el director acosaba al maestro entrando a su aula, mirando a todas partes, dando media vuelta y marchándose. En más de una ocasión, le dijo al maestro: «Usted no tiene futuro en esta escuela».

Este maestro se vino a sentar en mi oficina para expresarme la frustración tan extrema que tenía porque el director se entremetía en sus esfuerzos por ayudar a los niños. «Todo lo que he querido hacer siempre», me decía, «es ayudar a estos niños a triunfar en la vida. He derramado mi vida en los niños, y ahora este director me hace la vida insoportable». Este acoso emocional se extendió por tres años, hasta que trasladaron al director a otra escuela y la vida del maestro volvió a la normalidad. Los demás maestros lo apoyaron y le dijeron: «Estamos muy contentos de que lo soportaras todo. Los niños te necesitan con urgencia». Muchas veces me he preguntado qué habría sucedido si no hubieran trasladado al director.

Casi todos pasamos gran parte de la vida en el trabajo, y para muchos es difícil el simple hecho de ir al trabajo cada día. Lo que nos interesa en este libro es ayudar a quienes tienen que lidiar con unos jefes tóxicos, o quienes están atrapados en alguna organización tóxica, y darles ideas, animarlos y enseñarles estrategias de supervivencia. Les presentamos experiencias de la vida real a fin de revelarles lo que sucede, y mostrarles lo que hicieron algunos para superarlo, y cómo otros encontraron la manera de renunciar y seguir adelante.

Al mismo tiempo, reconozco que hay una gran cantidad de lugares de trabajo saludables, con líderes excelentes, y de hecho, nosotros trabajamos con muchos de ellos. Les dedicamos todo un capítulo a este tipo de organizaciones y presentamos el perfil de unos pocos de esos jefes excelentes que hemos oído describir en nuestras entrevistas.

Los lugares de trabajo saludables se crean a partir de un alto respeto mutuo y de la sensibilidad hacia los demás. Se crean cuando tanto los empleados como los gerentes aprenden a expresar su agradecimiento por los rasgos positivos y se enfrentan entre sí con amabilidad cuando les preocupa la calidad del trabajo que se hace. Todos tenemos la necesidad emocional de sentirnos valorados por esos con los que trabajamos. Casi todos estamos dispuestos a admitir que no somos perfectos, y siempre tenemos espacio para mejorar. Estamos dispuestos a hacer esas mejoras, si quienes nos supervisan están dispuestos a mostrarnos un camino que nos haga más eficientes.

Si trabajas en un lugar tóxico, o tienes un amigo en uno así, esperamos que este libro los ayude a analizar sus opciones y encontrar una liberación de las intensas presiones que se producen cuando uno trabaja para una organización o un jefe que le resta el valor a la gente y solo mira el resultado final. Creemos que, aun cuando las ganancias son necesarias para que sobreviva una compañía, no deben ser la única preocupación de los líderes del negocio. Tomar a las personas en el nivel en que se encuentran y ayudarlas a desarrollar su potencial muchas veces produce una satisfacción emocional mayor, así como una mayor rentabilidad financiera.

Trabajar en un ambiente tóxico día tras día puede ser una experiencia muy desalentadora y agotadora. Esperamos que tanto las ideas como las historias reales que presentamos aquí te ayuden a ti, o a alguien a quien estimas, a prosperar en medio de los retos que presentan hoy los lugares de trabajo.

Dr. Gary Chapman

«La vida es el diez por ciento de lo que me sucede y el noventa por ciento es cómo reacciono a esto».

John Maxwell

«Junto con cada conflicto en el lugar de trabajo aparecen banderas que ondean al viento y dicen: "Escúchame". Muchas veces, en cambio, todos los combatientes en el cuarto solo están recargando sus fusiles verbales».

Gary Chapman

«La falta de conexión entre la gerencia y los empleados engendra la desconfianza, el cinismo y la apatía».

Paul White

CAPÍTULO UNO

EL SURGIMIENTO DEL LUGAR DE TRABAJO TÓXICO

POR QUÉ MUCHOS DE NOSOTROS RESPIRAMOS VENENO Y DETESTAMOS NUESTROS TRABAJOS

¿TRABAJAS para un jefe tóxico? ¿Sientes que tu lugar de trabajo está envenenado?

Si así es, tienes mucha compañía, y tal vez este libro te ayude a sobrevivir.

Por otra parte, si has tenido unas experiencias razonablemente positivas en tu trabajo, tal vez te sientas tan sorprendido como nos sentimos nosotros cuando les preguntamos a nuestros amigos, contactos y parientes si tuvieron que trabajar alguna vez con un jefe tóxico o en un lugar envenenado. Muchos nos contaron historias muy serias, incluso terribles.

Como gran parte de la gente, hemos oído hablar del «jefe del infierno», pero nunca nos habíamos imaginado cuántas personas de nuestros propios círculos describirían de inmediato unas experiencias que van desde muy frustrantes hasta humillantes y amenazantes para la salud.

Sin embargo, no nos debimos sorprender. Según encuestadores de Gallup, siete de cada diez obreros estadounidenses o bien «trabajan como robots» o detestan de plano su trabajo. Entonces, ¿por qué?

En nuestro mundo globalizado y conectado por completo, los sucesos perturbadores causan impacto en los mercados, la tecnología, la estabilidad... y la gente, como vemos de continuo en los noticieros. Este trastorno destroza la moral de los obreros en todos los sectores, desde las fábricas hasta la venta al por menor y la informática, desde las escuelas y los gobiernos locales hasta los hospitales y los bancos. Los empleados batallan con la incertidumbre económica, la reducción del personal y las exigencias de que hagan más con menos. Se sienten, nos sentimos, abrumados de trabajo, mal pagados, inseguros y subestimados.

Las actitudes se hunden en el cinismo. El juego de culpar a quien sea se intensifica.

Una profesional, que tenía el aspecto de agotamiento y derrota, nos dijo que «las riñas, las críticas y la falta de apoyo» habían esparcido su veneno en todo un lugar de trabajo al que le encantaba ir en el pasado. Ahora, nos dijo: «La tensión en este lugar es tan fuerte que detesto tener que venir a trabajar. En realidad, ahora mismo detesto mi propia vida».

Cuando un lugar de trabajo se vuelve tóxico, su veneno se expande más allá de sus paredes hasta entrar en la vida de sus trabajadores y las familias de estos. En cambio, las organizaciones positivas les comunican energía e inspiración a sus trabajadores. Cuando se ven obligadas a recortar personal, tratan de suavizar las duras aristas de la realidad. Sus líderes saben que las organizaciones prosperan cuando sus trabajadores prosperan.

Lo extraño de todo esto es que las culturas de trabajo tóxicas y las saludables muchas veces alardean de tener unas declaraciones de misión similares. Ambos tipos de cultura citan valores como la integridad, el respeto a la persona y la dedicación a mantener un alto nivel. La diferencia está en que las organizaciones positivas buscan las formas de poner en acción sus valores expresados, mientras que las culturas tóxicas permiten que las agendas personales y otras prioridades asfixien lo que declararon en sus documentos impresos. Dos organizaciones similares, con declaraciones de valores casi idénticas pueden ser drásticamente diferentes.

Eso es lo que un joven padre llamado Bill experimentó en tres grandes compañías de la misma industria. Consiguió un trabajo en la primera compañía, novato y agradecido por completo a un jefe que con paciencia lo instruyó. Los beneficios eran buenos y el ambiente de colegas. Sin embargo, luego la compañía comenzó a subcontratar servicios en Costa Rica y meses más tarde anunció que se mudaría fuera del estado. Debido a sus obligaciones familiares, Bill no se pudo mudar y, durante los nueve meses siguientes, la compañía le estuvo pagando el vuelo de avión hacia sus nuevas oficinas a fin de que preparara a sus sustitutos. Le dieron unas recomendaciones excelentes para usarlas en la búsqueda de otro trabajo.

Cuando por fin lo contrató la segunda compañía, Bill no sabía que pronto experimentaría la triple paliza de dos jefes tóxicos y una cultura tóxica. Aquí tienes cómo lo describe:

¡Qué contraste con la primera compañía! La necesidad de obtener ganancias para la corporación estaba aplastando la vida de los empleados. Un día, recibimos un mensaje en el que se nos anunciaba un récord de ganancias obtenido en el mes y luego, irónicamente, otro que nos exigía que cesaran los gastos en los suministros de oficina y en los viajes. Yo estaba en mi computadora antes que amaneciera para comunicarme con Europa después de trabajar todo el día, y de vuelta por la noche para comunicarme con Asia. Estaba a sueldo y no recibía pagos extras por esas horas tan extremas, pero mis implacables jefes trabajoadictos me criticaban por tomarme un descanso a la hora del almuerzo.

La atmósfera solo tenía que ver con las reglas y los éxitos de la compañía. La sala de descanso tenía un gran televisor en el que solo se veía la propaganda de la compañía. No había cuadros de ninguna clase en los baños, sino solo listas de reglas

«La compañía que abandoné observaba una "Tarde de gratitud", ¡y se canceló debido a las presiones del trabajo!».

como estas: solo se permite que tenga tres bolígrafos o lápices en su escritorio; solo se permiten dos fotografías en su cubículo.

Cuando cuento esto, parece exagerado, pero no lo es. Se despidieron a dos trabajadores competentes. Otro que tenía esposa e hijos, se marchó a mediodía, traumatizado, para no regresar nunca más. Me preguntaba si yo no sería el próximo que despidieran. El equipo de ocho en el que empecé se redujo a mi gerente y yo.

Al manejar una cuenta importante sin personal auxiliar, mi carga de trabajo se triplicó, pero mis jefes me decían: «Hemos notado que no nos está pidiendo más trabajo». Me imagino que me lo dijeran porque no tenían a nadie más que lo hiciera, pero ni una sola vez los escuché decir una palabra de aliento. En su lugar, me advertían que tenían un archivo con todos mis errores.

Después de dos años terribles, subí mucho de peso, empecé a temer por mi salud y mi matrimonio, y me sentí atrapado, incapaz de renunciar porque tenía una familia que mantener. Sin embargo, llegó un día en el que supe que si quería sobrevivir, tenía que renunciar. Llamé a mi hermano y a mi pastor por apoyo moral y lo notifiqué.

¡Lo maravilloso es que ese mismo día un excolega me envió un mensaje acerca de la posibilidad de un trabajo! Pronto, estaba empleado de nuevo en la misma industria y experimentaba otro severo contraste. Pasé de un ambiente tóxico y angustioso a otro afectuoso y amigable. Ahora hablamos y reímos juntos en el trabajo. Celebramos los acontecimientos personales y nos ayudamos los unos a los otros. Nuestra jefa camina la segunda milla para brindarnos su ayuda. Sonríe cuando aparece en un grupo y nos pregunta: «¿Qué tal les va, muchachos? ¿Hay algo que pueda hacer?». Y se marcha a las cinco en punto, indicándonos al resto de nosotros que no espera que trabajemos setenta u ochenta horas a la semana.

Mi nueva compañía tiene en su calendario corporativo la «Semana de gratitud», donde se manifiesta una genuina gratitud por sus empleados. La compañía que abandoné observaba una «Tarde de gratitud», ¡y se canceló debido a las presiones del trabajo!

> Poco después de comenzar a trabajar en la compañía actual, busqué en Google el nivel de satisfacción de los empleados de las compañías, y vi que mi nueva compañía tenía una clasificación muy alta. También vi el nivel de la compañía tóxica a la que acababa de renunciar y, claro, estaba en el último lugar.
> ¡Ah, cuánto hubiera querido ver eso antes!

Las experiencias de Bill con estas compañías son similares a las de muchos que hemos entrevistado: empleados desilusionados y heridos en un lugar de trabajo, pero animados y motivados en otro. Hay organizaciones que son lugares de trabajo formidables, mientras que hay miles que son tan disfuncionales que sus empleados se sienten desalentados y ven que no los respetan lo suficiente, de manera que las abandonan a pesar de las consecuencias... o desearían con desesperación poder hacerlo.

Annie McKee, escritora y consultora, hace esta descripción: «Las organizaciones tóxicas o discrepantes están repletas de conflictos, temores y enojo. El ambiente hace que las personas tengan unas reacciones psicológicas similares a las que tendrían en una situación que exige luchar o huir. Las personas saludables se enferman. Su sistema inmune es menos eficiente. Son más frecuentes los resfriados, las gripes y las enfermedades y dolencias relacionadas con el estrés, como los infartos. Cuando uno entra a una organización tóxica, puede palpar que hay algo que no anda bien. En cambio, en revelantes organizaciones, los empleados se toman menos días por enfermedad y es menor el movimiento de personal. La gente sonríe, hace chistes, habla con sinceridad y se ayudan entre sí».

¿Qué sucede? ¿Acaso es inevitable que existan lugares de trabajo tóxicos?

«LA VIDA ES DIFÍCIL». Así comienza el reconocido Scott Peck su superventas *The Road Less Traveled*. Y si la vida es difícil, esa inmensa parte de esta llamada trabajo es algunas veces la más difícil de todas.

Studs Terkel, ganador del Premio Pulitzer, reflexiona en su obra maestra de historia oral, *Working,* acerca de lo que le escuchó en cientos de sus entrevistas: «Este libro, que trata sobre el trabajo, se refiere, por su naturaleza misma, a la violencia, tanto del espíritu como del cuerpo. Trata acerca de las úlceras así como de los accidentes, acerca de las peleas a gritos así como con los puños, acerca de la depresión nerviosa [...] Es, por encima de todo (o por debajo de todo), acerca de las humillaciones diarias. Sobrevivir el día es un triunfo suficiente para los que deambulan heridos entre muchísimos de nosotros».

No obstante, el trabajo es también una fuente de no solo manutención, sino de logro y razón de ser en la vida. Todos necesitamos el trabajo, y todos dependemos los unos de los otros. La vida es difícil y siempre lo ha sido, pero las presiones económicas, incertidumbres, complejidades y divisiones sociales de hoy generan una infinidad de razones por las que los lugares de trabajo no animan ni fortalecen a sus empleados.

«Nadie quiere darle malas noticias al jefe, mucho menos decirle que actúa como un tonto».

La principal de esas razones es el fallo del liderazgo, a menudo de personas exitosas que no son conscientes de sus propias limitaciones o que no les importan. Las dolorosas realidades de los jefes tóxicos se complican con lo que los investigadores llaman «la enfermedad de los jefes». Esta expresión describe algo obvio: Nadie quiere darle malas noticias al jefe, mucho menos decirle que actúa como un tonto.

Una gerente llamada Ruth nos habló de su jefe en una pequeña compañía. «No tenía capacidad para llevar la gerencia, ni tampoco estaba dispuesto a escuchar consejos. Le encantaba utilizar la humillación como recurso, y provocaba las peleas internas dentro de nuestro personal. En cualquier momento, si había tres personas en una habitación, hablaban de una cuarta persona. Era horrible trabajar en ese lugar».

Como señalara la consultora McKee, los que trabajan en esta clase de lugares desarrollan problemas de salud, y Ruth no era la excepción. «Esto me consumía», nos dijo. «Tenía la tensión arterial treinta puntos más alta de lo debido, tenía reflujo de ácidos estomacales y tenía que visitar a mi médico cada seis u ocho semanas. Él me dijo que le estaba causando un daño celular a largo plazo a mi organismo. Yo me decía: "Esto me está matando", pero no tenía ninguna otra posibilidad de conseguir un trabajo».

Hemos hablado con muchos empleados que se sienten atrapados de una manera similar. ¿Qué debe hacer un trabajador? ¿Enfrentarse? ¿Acomodarse? ¿Renunciar?

A Ruth le tomó más de cinco años liberarse. Necesitaba con desesperación su sueldo, así que siguió soportando los abusos. Un sabio negociante de su iglesia le aconsejó sobre cómo redoblar su búsqueda de otro trabajo, pero no era mucho lo que ella podía hacer cuando apenas lograba sobrevivir a través de sus sesenta horas de trabajo a la semana.

Un día tuvo una revelación. En el trabajo la humillaban y la trataban como incompetente, pero en todos los demás lugares la valoraban mucho como madre, amiga, valiosa líder de su iglesia y vecina. «Ambas cosas no pueden ser ciertas al mismo tiempo», se dio cuenta. «La gente que admiro y respeto me valora. Allí es donde está la verdad».

En cambio, eso no disminuía el daño que le hacía su lugar de trabajo. El hombre de negocios amigo suyo le preguntó: «¿Estás dispuesta a trasladarte?». Ruth tenía buenas razones para no hacerlo, así que dijo que no. Sin embargo, un año más tarde cuando él le repitió la misma pregunta, le dijo que sí.

Aunque estaba dispuesta a ir donde fuera y trabajar en casi todo, no conseguía nada con sus solicitudes ni sus contactos sociales, y su salud se seguía deteriorando. Sabía que no debía renunciar mientras no encontrara otro trabajo, pero nos preguntó: «¿Cuándo dice una que esto la está matando? ¿Cuándo se limita solo a renunciar? Sabía que era probable que perdiera mi casa si renunciaba,

¡pero llegué a un punto en el que me di cuenta de que eso era mejor que estar muerta! Así que, después de cinco años y medio de una vida llena de angustia, terminé por renunciar».

Después de esto, todo lo que encontraba era algo de trabajo por cuenta propia, y necesitó seis meses para recuperar la energía a fin de buscar con determinación un nuevo trabajo. Por fortuna, al final sus conexiones dieron su fruto y encontró una posición a miles de kilómetros que se ajustan a su experiencia y habilidades.

Ruth ahora prodiga elogios a su nuevo jefe y el nuevo lugar de trabajo. «Ahora me siento valorada y apoyada», nos dijo. «Cada día me siento encantada de ir a mi trabajo».

Sin embargo, sufrió durante años. En el mercado de trabajo actual, no siempre es fácil seguir adelante.

LO QUE EXASPERA en muchas de las historias que escuchamos, es la descripción de unos líderes con un alto nivel de estudios y unas credenciales excelentes que envenenan sus organizaciones. Nos estremecieron de una manera especial los líderes con conocimientos de psicología y de relaciones interpersonales que usaban sus habilidades para hacer progresar sus agendas personales.

Un supervisor de trabajadores sociales llamado Clayton nos habló sobre su primera experiencia en el trabajo al finalizar la universidad. Ya había trabajado en varias agencias de servicios sociales con niveles saludables de propósitos comunes y valoración mutua, pero ese no fue el caso en su primer trabajo como profesional licenciado.

Cuando conoció al director de la pequeña agencia, Clayton pensó que el profesional más experimentado lo ayudaría a aprender los pormenores. Los otros cuatro trabajadores clínicos le dieron la bienvenida, y él comenzó con todo entusiasmo a preparar estudios de caso para la revisión semanal por parte del equipo. Entonces, en la reunión observó que sus compañeros de trabajo solían guardar silencio. Cuando se presentaban los casos, el director se apresuraba a señalar lo que el clínico no destacó.

Aquí tienes lo que le sucedió a Clayton:

Sin justificación, el director actuó de una manera dura con los demás, pero cuando yo presenté mi primer caso, suavizó sus críticas. Hasta dijo que los clínicos de mayor experiencia podían aprender del nuevo empleado. Yo me sentí raro cuando me exaltó de esa manera, puesto que era el novato.

Días más tarde, presenté un caso con un diagnóstico que no estaba claro. Esperaba que el equipo tomara el caso y trabajara unido para averiguar cuál sería la mejor manera de enfocarlo. Lo que sucedió fue que el director me cayó encima, preguntándome si mis credenciales eran legítimas y cómo me podía llamar consejero si no era capaz de encontrar un diagnóstico tan sencillo. Me sentí pasmado y humillado, y me pregunté si en verdad no tenía la menor idea de lo que hacía. Nunca antes me sentí tan avergonzado.

«Todos nos acostumbramos a pensar que éramos unos perdedores ineptos que no merecíamos en realidad que se nos pagara».

A lo largo de los días siguientes, todos y cada uno de los demás clínicos me hablaron en privado acerca de la verdad. El director, a pesar de su experiencia y sus conocimientos, enseñaba mediante la humillación. Me dijeron que solo era cuestión de tiempo antes que me volviera a poner en la mira.

Estaba desmoralizado, pero me quedé, pensando que era una suerte que tuviera aquel trabajo, puesto que no era muy competente en él. Acepté mi papel como otro niño maltratado más dentro de la familia.

Puesto que no renuncié después que me trató de esa manera, el director sintió que tenía luz verde para atacarme de palabras. Cada reunión era dolorosa. Todos nos sentíamos aliviados cuando no le servíamos de blanco, pero nos sentíamos muy mal por aquel a quien atacaba. Todos nos acostumbramos a pensar que éramos unos perdedores ineptos que no merecíamos en realidad que se nos pagara.

Al volver la vista atrás, no puedo creer que me quedé allí durante cuatro años. Me ascendieron a supervisor y administrador de programas, pero temía ir al trabajo, sabiendo que si no sucedía ese día, muy pronto se me diría que era un tonto y se me preguntaría cómo podía estar tranquilo conmigo mismo sabiendo que era un fraude total.

Nuestra dañada autoestima nos hacía preguntarnos a cada momento acerca de nuestra manera de tratar a los clientes, incapaces como éramos de tomar decisiones sanas mientras estuviéramos atrapados en un ambiente de trabajo tóxico y abusivo. Nos sentíamos como unos hipócritas cuando les decíamos a nuestros clientes que debían ser los que tomaran sus propias decisiones. Yo comencé a identificarme con el arquetipo del «sanador herido», pero de una manera resentida y sintiendo odio hacia mí mismo. Exhausto y desmoralizado, por fin me fui a consultar las listas de trabajos disponibles.

Cuando me marché, fui sintiendo poco a poco que desaparecían las tinieblas de mi vida. Ya no llegaba a mi hogar después del trabajo para alejarme y escapar, sino que volvía lleno de energía y gratitud. Mi nuevo trabajo, con un supervisor sabio que me apoyaba, hizo que me diera cuenta del ambiente tan tóxico en el que estuve. ¡No podía creer que no hubiera visto antes lo malo que era! Entonces decidí que, pasara lo que pasara, nunca jamás me volvería a sujetar a un ambiente de trabajo que me hiciera sentir mal conmigo mismo.

TODOS ESPERAMOS DE LOS CENTROS DE CONSEJERÍA, con su dedicación a sanar y su alto nivel de preparación, que sean oasis para las comunidades. Cuando se violan esos valores, nos parece algo demasiado extraño. Otras organizaciones que se ocupan de la descomposición social y el crimen suelen contratar a empleados menos capacitados y a veces explotan en el aire los vapores del combustible. Por ejemplo, Diana, una mujer muy calificada con un doctorado en Filosofía y un grado considerable de experiencia, hace solo siete meses se convirtió en la nueva gerente de una división correccional de una comunidad. No tenía ni idea de la cantidad de limpieza que necesitaría hacer. Un suceso trágico había causado dos investigaciones, y hubo que forzar a retirarse al jefe del departamento, a un ayudante del jefe y a un supervisor de unidad.

Aquí tienes lo que nos contó:

La palabra «tóxico» apenas comienza a describir el ambiente de mi lugar de trabajo. Las informaciones erróneas, los rumores y las murmuraciones están haciendo estresante este tiempo para todo el mundo. A pesar de las reuniones semanales a fin de mantener al día al personal y enfrentar los rumores, se multiplica la toxicidad. Unos pocos empleados descontentos y críticos se han acercado a los medios noticiosos, le han escrito cartas anónimas al alcalde y se han dedicado a esparcir su negatividad. Todo el mundo siente la confusión.

Nuestro jefe se va a retirar pronto, y hace poco puso a seis personas en puestos provisionales de supervisión. Las supo escoger muy bien. Todas han demostrado tener cualidades de líderes, actitudes positivas y una fuerte ética de trabajo. Aun así, los empleados tóxicos se quejan de que no los escogiera a ellos, y se la pasan corriendo al departamento de Recursos Humanos.

«Tenemos demasiado que hacer para permitir que estos detractores tóxicos sean los que controlen la situación».

La solución de Diana:

Esta semana, decidí que he gastado energía y tiempo más que suficientes tratando de apaciguarlos. Muchos buenos empleados quieren convertir nuestra división en un modelo para todas las agencias correccionales de la comunidad. Tenemos demasiado que hacer para permitir que estos detractores tóxicos sean los que controlen la situación.

Espero que esta montaña rusa emocional se acabe muy pronto.

Diana está poniendo la mayor parte de sus esfuerzos en iniciativas positivas y en apoyar con recursos a quienes quieren seguir adelante. Está jugando a la defensiva y a la ofensiva a la vez, dándoles autoridad a los que pueden llevar a cabo nuevas realidades, y ya ve la luz al final del túnel.

No obstante, hay algunos lugares de trabajo tan tóxicos, que la montaña rusa parece interminable y mientras más pronto uno pueda renunciar, mejor.

De seguro que esto fue lo que le sucedió a un hombre de negocios llamado Carlos. Nos dijo que en un trabajo anterior, sus dos jefes salían al extranjero para recoger un millón de dólares y después regresaban para usar la mitad de ese dinero en su estilo de vida repleto de drogas, bebidas alcohólicas y mujeres. En una ocasión, entró en la oficina de su jefe y lo encontró preparando cocaína en su escritorio. De los veinte empleados, Carlos dice que él era el único que no se había acostado con la recepcionista. ¡Eso sí que es un lugar de trabajo disfuncional!

Sin embargo, no podía renunciar de inmediato. ¿Cómo sobrevivió? «Me limité a hacer mi trabajo», nos dijo. «Yo oriento mi actividad sobre todo hacia las tareas que me encomiendan, así que me sumergí en la lista de las cosas que tenía que hacer». En cuanto se consiguió otro empleo, se marchó de aquel lugar.

LOS GASES VENENOSOS brotan de muchas fuentes, incluyendo las burocracias que frustran y ahogan. Además de esto, los trabajadores nos han estado hablando sobre la forma en que la jerarquía los margina, cómo los que reciben un ascenso miran con menosprecio a los que dejaron atrás y cómo los que tienen alguna credencial se enseñorean sobre los que no las tienen.

Un mediador de un lugar de trabajo llamado David describió la situación en los proyectos militares a nivel federal. Nos dijo que miles de trabajadores con experiencia y habilidades similares se encuentran en unos ambientes de tipo jerárquico en los que el lugar que uno ocupe dentro de la jerarquía lo puede estigmatizar de inmediato como un simple paria. «Los contratistas la consideran una industria llena de brutalidad, con sillas musicales, donde se le paga a uno una gran cantidad de dinero, pero no recibe respeto alguno».

Al describir la jerarquía, David dice que tiene tres niveles: los contratistas son de tercera clase, los empleados civiles son de segunda clase y los que todavía llevan puesto el uniforme son de primera clase. «Lo irónico es que todos tienen más o menos la misma experiencia, se visten parecido y piensan parecido. Muchos han servido juntos, son veteranos, pero los que están por encima uno o dos niveles en el sistema de castas, dicen que los que están al final de la jerarquía son unos "repugnantes contratistas"».

«Una sonrisa o una simple palabra de agradecimiento habrían cambiado las cosas por completo».

La llegada con las credenciales «equivocadas» puede marginar a los empleados en muchos lugares de trabajo. Un joven padre llamado Ted obtuvo una maestría de cuatro años y disfrutó de una década de triunfos en su campo, pero de repente se encontró desempleado. Después de meses de buscar con desesperación, encontró un trabajo en un sistema escolar local como «intervencionista en comportamiento», en el que debía supervisar a los adolescentes problemáticos.

La administración hizo muy poco para prepararlo y no hizo nada para animarlo. Un estudiante lo asaltó en dos ocasiones, pero a nadie le importó ni nadie le preguntó cómo se sentía. Aunque Ted era el único que pasaba días enteros con los estudiantes problemáticos, nunca lo invitaban a las reuniones de evaluación.

Ted nos dijo: «Yo siempre había visto que me pedían mis opiniones y les daban valor, pero allí no. Solo se valoraba a los maestros y administradores, mientras que al puñado de nosotros que formábamos parte del personal nos trataban como a seres inferiores. La atmósfera era muy negativa y las conversaciones tenían que ver siempre con las bebidas, las fiestas y las aventuras sexuales. Las invitaciones a las reuniones de la escuela para mejorar la moral de los empleados eran solo para los maestros y los administradores. Era duro tener que lidiar todo el día con unos muchachos enojados y llenos de problemas, pero eso me agotaba muchísimo menos que los desaires que recibía de los profesionales que nunca decían una palabra agradable, mucho menos una palabra de aliento. Una sonrisa o una simple palabra de agradecimiento habrían cambiado las cosas por completo».

Ted solo trabajó un año en la escuela, y aquí tienes cómo soportó todo eso: «Sobreviví al pasar tiempo con tres secretarios que estaban en las mismas condiciones. Decían cosas agradables; su camaradería y la atmósfera positiva que había a su alrededor me reanimaba el espíritu. Aprendí que si concentraba la mente en ese único oasis de amistad y de actitudes constructivas, podría llegar al final del día. Ellos no tenían idea de lo importantes que eran para mí sus palabras de aliento y sus actitudes positivas».

ESTRATEGIAS DE SUPERVIVENCIA

ESCUCHA A TU CUERPO. Ruth decidió que su sueldo no era tan importante como su salud. Bill lo soportó todo, un tóxico día tras otro durante dos años, aumentando de peso y con sus energías agotadas por completo. Pagó un alto precio y aún trata de recuperarse. Cuando tu cuerpo insiste en quejarse, piensa con seriedad en todas tus opciones.

ADQUIERE PERSPECTIVA. Busca a alguien que sea objetivo y sabio. Háblale en detalles lo que te sucede, y después escúchalo en cuanto a unas formas nuevas de ver los pasos de acción que puedes dar.

ENFRENTA TUS TEMORES. Todos los tenemos, y demasiado a menudo andan merodeando por nuestro interior, agotando nuestra fuerza de voluntad y nublando nuestros pensamientos. Sácalos a la superficie, enfréntate a ellos y redobla tu valentía buscando recursos que te desafíen y te inspiren.

TEN LA FRENTE EN ALTO. Clayton tenía muy poca experiencia para saber que si dejaba que su tóxico jefe lo humillara una vez, le daría luz verde para humillarlo de nuevo. En el próximo capítulo veremos una empleada enfrentársele con firmeza a su jefe cuando se da cuenta de que ella podría ser su próxima víctima. Si el sentido común y tu intuición dicen que tu jefe se ha pasado con mucho de la raya, encuentra una forma de trazar tu propia raya en la arena.

LECCIONES DE LIDERAZGO

LA VIDA PUEDE SER DESPIADADAMENTE injusta, y de seguro que esto es cierto en los lugares de trabajo tóxicos. Aunque salgas de un lugar así cuanto antes, su injusticia te puede seguir carcomiendo por dentro y las heridas sufridas pueden seguirse infectando.

No es accidental que se haya escrito tanto acerca del poder y de la necesidad del perdón y de la aceptación. El coautor Gary Chapman ha aconsejado a numerosos clientes que han estado batallando con la forma en que los han maltratado. Una dama a la que le dio consejería durante dos años, no podía superar la dolorosa experiencia por la que pasaba en su compañía. Era una persona muy trabajadora de una de las fábricas más grandes de Estados Unidos y había llegado a la gerencia. Todo marchaba bien hasta que le pusieron una nueva supervisora. Entonces, aunque había trabajado allí durante veinticinco años, la despidieron. Esto es lo que le dijo a Gary acerca de su supervisora:

No hallaba manera de complacerla. Hiciera lo que hiciera, nunca era suficiente. Trabajaba hasta tarde y llegaba temprano con el fin de cumplir con las fechas límite, pero siempre faltaba algo. Todos mis colegas lo veían y expresaban empatía por mí.

Trataba de hablar con ella para preguntarle lo que necesitaba hacer para mejorar. Sus respuestas nunca eran concretas. Solo que no le caía bien, y terminó acusándome de hacerle trampas a la compañía. ¡Dios sabe muy bien que no soy culpable! Nunca haría algo así. Ella no tenía evidencia alguna, pero fue convincente. Así que me despidieron.

Entonces, vino a ver a Gary, y semana tras semana la escuchó una y otra vez la misma historia sobre esas dolorosas experiencias y la forma en que la maltrató. En una ocasión, trajo consigo a una antigua compañera de trabajo para que corroborara su historia. Gary la trataba de ayudar a procesar su dolor para seguir adelante con su vida, pero ella seguía atrapada en su resentimiento.

Durante los doce años siguientes, ella invirtió toda su energía en hablar con un abogado tras otro acerca de la posibilidad de presentar una demanda legal contra la compañía. Al final, encontró uno que quiso aceptar su caso y durante tres años invirtió su dinero en un inútil esfuerzo por «hacerles pagar» lo sucedido.

Gary resume de esta forma los esfuerzos de ella: «En esencia, desperdició quince años de su vida peleando una batalla sin esperanza alguna. Esta es una manera muy pobre de invertir la vida. Yo habría preferido que hubiera aceptado la realidad de que el mundo es injusto y hubiera invertido esos quince años en hacer algo que valiera la pena».

PREGUNTAS PARA COMENTAR

- *¿Has trabajado en un ambiente que experimentaste como tóxico?*

- *Si es así, ¿qué me dices del lugar de trabajo o las relaciones que eran nocivas?*

- *¿Qué factores piensas que se deben tener en cuenta a la hora de decidir si es hora de marcharse de un ambiente de trabajo dañino?*

«Casi todos los hombres pueden soportar la adversidad, pero si quieres poner a prueba el carácter de un hombre, dale poder».

Abraham Lincoln

«El rango no otorga privilegios ni da poder. Impone responsabilidad».

Peter Drucker

«En cuanto a los multimillonarios que he conocido, lo que hace el dinero es sacar a la luz sus rasgos más básicos. Si eran patanes antes de tener dinero, ahora solo son unos patanes con mil millones de dólares».

Warren Buffett

CAPÍTULO DOS

LAS MUCHAS CARAS DEL JEFE TÓXICO

CRUELES O DESPISTADOS, TIRÁNICOS O ASTUTOS, ALIMENTAN LA DESDICHA EN EL LUGAR DE TRABAJO

WARREN BENNIS, autor de más de treinta libros excelentes sobre el liderazgo, describe a los auténticos líderes como «sintonizados de modo exquisito con sus seguidores y sienten sus sufrimientos, sus deseos, sus necesidades. Son unos líderes dotados en abundancia de empatía».

Bennis capta una característica básica de los líderes auténticos, y lo opuesto con exactitud describe a los tóxicos. Cuando entrevistamos a los empleados, nos ha parecido descorazonador que tantos describan a unos jefes carentes de empatía que envenenan organizaciones que se supone que cultiven. Hay todo tipo de jefes tóxicos: hombres o mujeres, jóvenes o mayores, calmados o bruscos. Son tóxicos por toda clase de razones, en toda clase de ambientes, y quienes tienen que trabajar para ellos enfrentan situaciones difíciles.

He aquí lo que nos dijo una dama llamada Anna acerca de su experiencia como joven madre necesitada de conseguir ingresos porque su esposo estaba sin trabajo:

Joe fue el peor jefe que haya tenido jamás. En realidad, era desconsiderado por completo. Poseía una residencia de ancianos que disponía de doscientas camas, y la dirigía como un tirano, aterrorizando a todo el que se le cruzara en el camino o no cumpliera con exactitud lo que le exigía.

Una mañana llegamos al trabajo y nos encontramos las gavetas de la recepcionista vueltas al revés con su contenido esparcido por todo su escritorio, y ella tenía que atender a los visitantes en cualquier momento. Al parecer, no había hecho las cosas como las quería Joe. Otra mañana, nevaba fuera y una mujer que iba en un auto viejo se atascó subiendo por la entrada al estacionamiento, que era empinada y zigzagueante. Joe salió corriendo por todo el vestíbulo, gritando: «¡O esa mujer saca su auto de allí ahora mismo o la despido!».

La gente lo demandaba por toda clase de razones, pero él tenía muchísimo dinero y numerosos abogados, y siempre salía bien parado.

> «Lo miré y le dije con voz serena, pero firme: "Si alguna vez se atreve a gritarme de esa forma, me marcho de inmediato"».

Joe entraba furioso en las oficinas de los gerentes para gritarles. En una ocasión, lo escuché en una oficina cercana gritándole a una mujer que en seguida se echó a llorar. Me sentí vulnerable y me pregunté si no sería yo la próxima. Mi esposo no tenía trabajo y a mí me hacía mucha falta el que tenía, pero algunas veces, pase lo que pase, no se puede soportar un trabajo. Yo no sabía lo que debía hacer o decir cuando él abrió la puerta para salir. Dejaba atrás a una mujer bañada en lágrimas.

Anna enfrentó la decisión que tienen que enfrentar casi todos los empleados con un jefe tóxico. ¿Se le debía enfrentar o lo debía pasar por alto con la esperanza de que no se volviera en su contra? ¿O se debía limitar a marcharse para buscar un trabajo distinto? Cada trabajador que se halla en una situación como la suya, debe tomar una decisión personal. Aquí tienes lo que hizo Anna:

Ya cuando mi jefe salió de la oficina de la mujer que lloraba, había pensado muy bien lo que sabía que tenía que decir. Cuando se acercó a mi escritorio, lo miré y le dije con voz serena, pero firme: «Si alguna vez se atreve a gritarme de esa forma, me marcho de inmediato».

Él se limitó a escuchar y después siguió adelante.

Mi jefe no me despidió, ni me gritó nunca. Es más, a medida que pasaba el tiempo, me fue enseñando unas habilidades importantes para el trabajo en la oficina y terminó ascendiéndome para ser su asistente. Pensaba de una manera extraña. Tenía un dicho: «Si un pescado apesta en la cabeza, también apesta en la cola». No podía creer que dijera eso, porque se refería a que si la cabeza de la compañía apestaba, ese mal olor se abriría paso hasta el empleado de nivel más bajo. Estaba ciego a la realidad, evidente para todos los demás, de que describía a su propia y maloliente persona.

En esa época, yo estaba pasando por una crisis espiritual debido a la disociación de nuestra familia y a la situación del empleo. Sin embargo, al final comencé a experimentar una renovación de mi fe, y en parte fue por mi decisión de no transmitirles a los demás de ninguna forma la despreciable actitud de mi jefe. Él me situó justo fuera de su oficina como la siguiente persona en línea de la maloliente cabeza.

Decidí que nunca le transmitiría a nadie nada de aquel malvado olor suyo. Al menos hasta cierto punto, pude hacer que no fuera cierto que si la cabeza apesta, el mal olor va recorriendo a todos, uno a uno, hasta llegar a la cola. De ninguna manera transmitiría nada de su espíritu cruel y controlador para que tomara el camino de todas las enfermeras, los secretarios y las mujeres con sus trapeadores que solo trataban de llegar al final de otro día.

Nunca tuve otro jefe ni remotamente tan malo como Joe. Tuve la fortuna de que por alguna razón desconocida le caí bien, pero sabía que yo le marqué mi límite y que estaba dispuesta a marcharme si él lo traspasaba.

Anna tomó su decisión, y le dio resultado. Un año más tarde, su esposo se estableció en un nuevo trabajo y ella trabajaba a tiempo parcial en otro lugar. Su firmeza a la hora de trazar un límite y vivir de acuerdo a sus propios valores sin importar las consecuencias, fue crucial para su resistencia y su capacidad para prosperar.

Sin embargo, no siempre da buenos resultados contestarles de esa forma a los jefes tóxicos, y hasta cuando los da, puede significar mucho sufrimiento. El hecho de trazar esa línea en la arena puede llevar a fuertes conmociones, y pérdidas de seguridad y de relaciones.

Al igual que Anna, una maestra llamada Claire observó a su jefa actuando de una forma que asaltaba sus valores personales. Se le había dado la oportunidad de dar clases en una escuela primaria privada, y pensaba que sería un lugar donde se tratarían a sus colegas y a los niños con amor y respeto. Sin embargo, un día las acciones de su directora la obligaron a expresarse.

Aquí tienes la descripción que hizo Claire de lo sucedido:

El día que comencé en la escuela, no se me ocurrió que tal vez hubiera razones por las que contrataron a muchos de nosotros como nuevos maestros. No pregunté por qué tantos se marcharon.

Durante el año y medio siguiente, me encantó darles clases a mis alumnos de séptimo y octavo grado. Eran alumnos maravillosos y receptivos. La directora, en cambio, tenía unas ideas muy fijas con respecto a las prioridades de los alumnos y no hacía caso de muchas de las cosas que sucedían en la vida de los alumnos.

El hecho desencadenante fue que la directora planificó un programa en el mismo fin de semana del Supertazón, sin darse cuenta del conflicto que había creado.

Yo estaba en mi aula con mis estudiantes cuando ella entró y comenzó a enfrentárseles porque no planeaban asistir al programa de la escuela. Se descargó en ellos, lanzándoles capas y capas de culpabilidad por no hacer lo debido. Yo estaba pasmada. Los muchachos no merecían eso de ninguna manera. Nunca antes había escuchado a un adulto usando un lenguaje tan humillante con niños.

Después, me fui a su oficina y, tratando de mantener serena y calmada mi voz, le expliqué que los alumnos solo seguían lo que hacían sus padres, asistiendo a las fiestas que planeaban sus familias. La culpa no era de ellos.

La directora no se echó atrás ni un milímetro. Declaró que ella era la directora, que esa era su escuela y que las cosas se hacían a su manera.

Una vez más me quedé atónita. No sé de dónde me salieron las palabras, pero salieron: «Bueno, entonces, usted puede dirigirla sin mí. Yo no creo que pueda seguir trabajando para usted».

Más tarde me preguntaba: ¿Será verdad que dije eso? ¿Lo dije creyéndolo?

¡Sí, lo hice! Estaba asombrada conmigo misma, pero he aprendido que cuando alguien pone en ridículo lo que de veras me interesa o humilla a otras personas, tengo que confiar en mis instintos y decir algo con cautela.

Sentí una honda pérdida cuando tuve que dejar a los niños y a mis colegas, quienes comprendieron por completo la razón por la que renuncié. Al llegar el final del año escolar, todos los maestros que contrataron conmigo, menos uno, se marcharon también.

Para Claire, esa sensación de pérdida y traición fue dolorosa, pero su estallido y su decisión de marcharse tuvieron buenos resultados para su personalidad. Encontró un trabajo de maestra en una escuela pública, y siguió estudiando para obtener una maestría en Administración y, al final, un doctorado en Filosofía. Se convirtió en directora en el distrito escolar y durante muchos años pudo tener la libertad de comunicarles a sus estudiantes los valores que sentía en lo profundo.

En el caso de algunas personas, renunciar las lleva a nuevas libertades de crecimiento y desarrollo personal.

EL PRINCIPIO DE PETER creó tal alboroto hace algunos años que esta frase se convirtió en parte del vocabulario del mundo de los negocios. Aunque es un libro irónico, con todo presenta de manera divertida algunas realidades desalentadoras. Su tesis sostiene que los trabajadores siguen recibiendo ascensos hasta que alcanzan el nivel de su incompetencia. Con frecuencia, se les da a las personas un ascenso hacia puestos de poder sin que tengan las habilidades necesarias para ejercerlo.

No es típico que un empleado vea suceder realmente una transformación según el Principio de Peter, pero una trabajadora de hospital llamada Melanie sí lo vio. Era técnica de cirugía y trabajaba en el quirófano, pero pronto vio por qué era una mala idea darle un ascenso a su colega. Aquí tienes lo que nos dijo:

En nuestro piso de cirugía teníamos una buena cantidad de compañeros de trabajo que irradiaban pesimismo y les encantaba murmurar. Entre las enfermeras y los técnicos, alrededor de la mitad de nosotros tenía una actitud positiva y la otra mitad le daba un giro negativo a todo. Algunos hablábamos acerca de sus lúgubres actitudes y estábamos de acuerdo en que no íbamos a dejar que los quejicosos nos arrastraran con ellos.

Brenda era una de las enfermeras del grupo negativo, aunque también era buena como compañera de trabajo. A pesar de sus actitudes, tenía mucha energía y capacidad, con una personalidad jovial. Era una enfermera eficiente.

Como colegas, nos habíamos llevado bien, pero entonces ella se convirtió en nuestra jefa. Ahora no solo teníamos que lidiar con sus tonterías, sino que era rezongona con nosotras y a veces hasta desagradable. Tenía sus propios problemas. Desaparecía a mediodía durante una hora, y todos sabíamos que se iba a reunir con su amante, un hombre casado. Estaba perdiendo nuestro respeto.

Una cosa que no puedo soportar es ver que maltraten a alguien. Por alguna razón, tal vez debido a sus problemas personales, ella escogía a alguna del personal y la acosaba. La excluía de las cosas y solo la criticaba con severidad hasta que, al final, la mujer renunciaba. Esto sucedió varias veces.

Para mí, aquello era mucho peor que su mal genio. Eso fue lo que por fin hizo que me le acercara para decirle: «Brenda, ya no seguiré arriesgando mi salud a largo plazo por trabajar contigo. Me encanta el trabajo que hago aquí, y me agradas como persona, pero no te puedo respetar como jefa. No voy a seguir sacrificando mi vida aquí».

Mi esposo dice que Brenda tiene una vena de maldad. No sé nada de eso, pero sí sé que no tenía idea alguna de cómo se debe ser jefa. Una a una todas las personas positivas en el personal fueron renunciando a ese trabajo. Se buscaron otro trabajo, y una de ellas se convirtió en vicepresidenta del hospital.

¿ERA BRENDA «MALVADA» o solo un ejemplo más del Principio de Peter? Esa es la clase de pregunta con la que luchan muchos, pues raras veces los lugares de trabajo tóxicos son como las películas de buenos y malos, sino más bien como documentales acerca de las disfunciones en los barrios bajos con sus complejas causas.

Durante años, Max DePree estuvo al frente de la legendaria compañía de muebles Herman Miller con los ejemplos que daba año tras año en cuanto a inspirar y fortalecer a sus empleados con excelentes resultados. En su libro *Leadership Jazz*, advierte: «La armonía cultural de una organización es frágil».

¿Frágil? DePree dice que la armonía en una organización es frágil en muchos sentidos y hace esta intrigante afirmación: «Lo creas o no, una de las preocupaciones principales de un líder es el problema de la traición. En las organizaciones se producen muchas clases de traiciones». Después describe las traiciones más comunes, pero no se centra en el hecho de que haya villanos que traicionen a los obreros inocentes, sino en la entropía y en la obra de las fuerzas externas.

«Hay ciertas facetas del carácter de un líder que son frágiles», dice, y da como ejemplos la veracidad, la paciencia, el amor, la dedicación y la constancia.

¡Ah, *el carácter*! Aquí es donde surge la cuestión del bien y el mal. DePree menciona en este contexto un antiguo cuento familiar. Dos de los pecados capitales, la Envidia y la Codicia, van caminando juntas cuando aparece un ángel. El ángel les ofrece darle a cada una todo cuanto pida, pero les hace una salvedad: la otra recibirá el doble de lo que pidió la primera.

De inmediato, porque esa es su naturaleza, la Codicia le pidió a la Envidia que escogiera ella primero. La Envidia pensó por un momento. ¿Qué pidió? ¡Quedarse ciega de un ojo!

En los lugares de trabajo actuales, la codicia y la envidia se hallan al alcance de todos. Los vapores tóxicos pueden surgir dondequiera en la cultura de un lugar de trabajo.

A veces, es posible que el líder sea bien intencionado, pero en sí no tiene ni idea de lo que hace. Esa es la conclusión a la que llegó Kurt. Siendo joven, graduado de la universidad y trabajando en una agencia de servicios sociales, supervisaba voluntarios que defendían a los delincuentes menores de edad en el sistema judicial. Los cambios de personal en esa agencia con cuatro personas eran frecuentes. La mujer a la que sustituyó, solo permaneció allí dos meses.

Kurt era nuevo y necesitaba orientación, sugerencias y motivación por parte de la directora ejecutiva, pero ella no le dio nada de lo que necesitaba. Kurt la describía como una persona desatenta, que raras veces reconocía la presencia de las demás personas que estaban en una habitación. Una enfermedad física complicaba su falta de gracias sociales. Poco tiempo antes, pasó por un divorcio y una relación abusiva, pero les decía a su personal: «Cuando estoy aquí, estoy aquí para atenderlos y dejo mis cosas personales junto a la puerta»; pero no era eso lo que hacía. Era frecuente que no estuviera presente cuando había que revisar informes antes de una sesión del tribunal.

«En una reunión del personal», nos decía Kurt, «se nos enfrentaba a mis colegas y a mí con respecto a la forma en que usábamos nuestro tiempo, expresando lo que suponía sin revisar los hechos.

Esto resultó demasiado para mí, y renuncié. Me alegro de no estar ya allí, y también hay otros que hacen planes para marcharse. Lo que me asombró el día en que renuncié, fue lo elogiosa que se manifestó con respecto a mi persona y mi trabajo. A decir verdad, no entendía nada».

Muchos trabajadores tienen que soportar a unos jefes desorientados que tienen grandes problemas personales y que pueden ser despistados en especial respecto a las relaciones. Como Kurt, una asistente llamada Camilla que trabajaba en una gran compañía, renunció, y más tarde se asombró cuando su disfuncional jefa la llamó a su casa como si fueran muy amigas. Aquí tienes lo que nos dijo Camilla:

> Mi supervisora estaba divorciada y tenía una aventura amorosa con el jefe ejecutivo, quien era casado, así que se sentía protegida. Les pasaba su trabajo a sus subordinados y se sentaba en su oficina a navegar por la web, y después salía a distraerme dándome conversación, pero después se enojaba conmigo cuando no tenía todo el trabajo hecho.
>
> Se destacaba en culpar a otros. Cuando yo era nueva en el trabajo, me hizo reunir una gran cantidad de datos para usarlos en una presentación ante la junta de directores. Yo no sabía nada acerca de esa información; solo reuní los documentos. Sin embargo, durante su presentación, cuando uno de los directores señaló un error, ella me llamó y me riñó delante de los miembros del consejo.
>
> Debido a su relación con el jefe ejecutivo, no les caía bien a los demás gerentes ni la respetaban.
>
> Conmigo, era muy voluble. Un día parecía que me odiaba y que me despediría, y al día siguiente me trataba como si fuera su mejor amiga. Me decía cosas personales infames, y cuando yo solicitaba otros puestos de trabajo en la compañía, bloqueaba mis intentos. Me sentía atrapada, pero nunca le contesté de mala forma. Había otros que sentían las mismas tensiones y el mismo mal de fondo, así que nos apoyábamos los unos a los otros.

Al final, llegué a la conclusión de que mi jefa era una persona disfuncional porque su vida se hacía pedazos. Poco después de dejar la compañía, la despidieron a ella y se le hizo difícil encontrar trabajo. Entonces, me llamó y me di cuenta de que me consideraba su amiga, y de que sentía que su relación conmigo era importante para ella.

He tenido toda clase de jefes y he trabajado en todo tipo de ambientes. He aprendido a sacarle el mejor partido posible a cada uno, a soportar a los difíciles y a disfrutar de los buenos.

«Es muy poco saludable reprimir mis emociones, pero me veo forzada a mantenerme con la boca callada».

Las frustraciones de Kurt y de Camilla eran poca cosa comparadas con lo que otros tienen que soportar, y junto con Anna, Claire y Melanie, todos pudieron encontrar trabajos mejores. En cambio, hay otros que se sienten atrapados bajo unos jefes dominantes que les hacen la vida imposible. He aquí lo que escuchamos de Janelle, que ha estado trabajando en su compañía durante siete años, pero la humillan y le controlan todos los movimientos:

Nuestra compañía nos dice que valora mucho nuestras sugerencias, pero cuando yo sugiero algo respecto a un problema, me califican de quejicosa. Cuando estoy con mi jefa y aparece alguien que ocupa un puesto más elevado, ella me pasa por alto de una manera muy descortés. Su actitud me comunica la sensación de que soy una inútil.

Disfruto de mi trabajo, y en mis siete años aquí nunca he cometido un error que le diera a ella el derecho de vigilarme por encima del hombro. Me hace preguntas que me hacen sentir con ganas de gritarle que no soy una perfecta idiota.

Es muy poco saludable reprimir mis emociones, pero me veo forzada a mantenerme con la boca callada. Si digo algo acerca de la forma en que me hace sentir, se vuelve en mi contra, señalándome que tengo un problema. Ella nunca es el problema. Nunca pide disculpas, ni tampoco escucha con atención. Saca su propia conclusión, y entonces ataca... y como es la jefa, puede atacar sin que se produzcan repercusiones. Yo he tratado de acudir a los que están en puestos superiores a los de ella, pero me ha salido el tiro por la culata.

En estos momentos, valgo para la compañía mucho menos de lo que podría valer. Mantengo la cabeza baja, y por una cuestión de conservación personal, me limito a hacer mi trabajo y converso muy poco con los demás. No obstante, lo más irónico es esto: en mi esfuerzo de conservación personal, en realidad me estoy destruyendo a mí misma. Al reprimir mis sentimientos sin expresarlos, me estoy enfermando tanto de manera emocional como física.

¿Debería renunciar Janelle? Si tiene otras opciones, sí, y tal vez hasta si no vea esas otras opciones también, como lo hizo Bill en el primer capítulo. O quizá le lleve tiempo, como le sucedió a Ruth. En cada caso, se trata de una difícil decisión personal, pero cuando se está produciendo un daño de importancia en la salud, es necesario tomar algún tipo de acción valiente.

NOS SORPRENDIÓ oír con cuánta frecuencia los entrevistados decían que aprendían mucho de sus jefes tóxicos. Después de reflexionar sobre el asunto, podemos ver cómo sucede esto, puesto que casi siempre hace falta agallas para llegar a ser jefe; en algunos casos, los peores controladores y manipuladores tienen una gran capacidad. Las personalidades y los lugares de trabajo son complejos y, tal como descubrió Anna en Joe el tirano, trabajar bajo un jefe disfuncional puede presentar oportunidades junto con la angustia.

Mitzi, gerente de nivel medio, aprendió mucho de su primer jefe. Era su suegro, dueño de un pequeño negocio, y tenía mucho que enseñar. Le brindó buenas oportunidades, pero cuando Mitzi no pudo rendir de acuerdo a sus expectativas, sus frustraciones se derramaban. Usaba palabras crueles para humillarla, y con respecto a esta experiencia, ella dice: «Aunque era muy humillante, también tenía sus recompensas. Nunca volvería a trabajar para él. Eso echaría a perder los buenos sentimientos que tengo por él ahora».

Más tarde, tuvo una jefa que en muchos sentidos era igual a su suegro: elogiaba a Mitzi por su sobresaliente trabajo en un proyecto y comentaba más tarde: «Yo habría podido contratar a un novato para hacer esto». Esta jefa, una persona orientada hacia las metas, se veía como una experta en cuanto a hacerles sugerencias a sus empleados, diciendo: «Las sugerencias son un don». Sin embargo, esas sugerencias eran vagas, demasiado amplias y desalentadoras. Por ejemplo, decía: «Mientras estabas fuera con tu permiso de maternidad, tus clientes sintieron que tus compañeros de trabajo los atendían mejor que tú». No le daba detalles específicos ni consejos. Mitzi se sentía muy vulnerable en esa época, y su jefa se aprovechaba de esa situación tomando la decisión de ser cruel en particular.

¿Qué hizo ella? Algo muy sabio: Mitzi buscó el consejo de mentores. Aquí tienes lo que escuchó:

Las sugerencias solo son un don cuando proceden de una persona que se gane tu confianza. Eso la ayudó a darse cuenta de que las sugerencias de su jefa eran deficientes y no tenía razón alguna para permitir que fueran tan destructivas.

Aunque tu jefa no te haga sugerencias constructivas, tú sí se las puedes hacer a ella. Mitzi la confrontó en cuanto a la falta de detalles específicos en sus afirmaciones y desafió sus vagas suposiciones.

Además de esto, Mitzi descubrió la utilidad de las conversaciones francas con sus compañeros de trabajo. «Ellos atravesaban la misma experiencia, y escuchar sus historias hacía que me sintiera menos sola. Y eso nos convertía en un equipo más fuerte».

Sin embargo, sus conversaciones con el departamento de Recursos Humanos fueron desalentadoras. «¡No me ayudaron en nada! Una de las lecciones más grandes que aprendí fue que no están allí para ayudar al trabajador, ni para protegerlo de la maldad de su jefe. Están allí para asegurarse de que nadie le entable una demanda a la compañía».

Por fortuna, esto no siempre es cierto, pero a veces las presiones que sufre el departamento de Recursos Humanos por parte de las normas de la corporación y las regulaciones del gobierno ahogan su capacidad para ayudar.

Mitzi siguió el consejo de sus mentores y le explicó a su jefa que sus comentarios crueles y vagos la incomodaban por malvados e ineficaces. «Me dan ganas de llorar», le dijo, «y yo no soy de esas personas que lloran en su trabajo. Ese estilo de sugerencias no me ayuda a mejorarme a mí misma ni al equipo». Su jefa la escuchó e hizo los ajustes necesarios.

«Al final», dice Mitzi, «ella me hizo una persona más fuerte y más consciente de mí misma. Desarrollé unas relaciones más sinceras con mis compañeros de trabajo y fortalecí mi amistad con mis mentores. Además, aprendí que cuando les quiera hacer a otros unas sugerencias críticas, primero necesito ganarme su confianza y darles detalles específicos de una manera constructiva».

Esa es la esperanza que tenemos cuando decimos lo que pensamos, pero el contraste entre la experiencia de Mitzi y la de Janelle nos hace ver las maneras tan diferentes en que reaccionan los jefes ante la franqueza. Unos escuchan y aprenden, pero otros, por diplomática que sea la forma en que los abordemos, reaccionan de manera defensiva. Cuando sucede eso, Janelle tiene razón en cuanto a lo que les puede hacer a nuestra psiquis y a nuestro cuerpo.

ESTRATEGIAS DE SUPERVIVENCIA

MANTÉN A RAYA LA AMARGURA. Cuando uno tiene grandes responsabilidades, trabajar para un jefe tóxico no solo nos puede hacer enojar (lo cual podría ser una «invención» útil si se usa con sabiduría), sino que nos amarga de tal forma que nos puede convertir también en alguien tóxico. Encuentra formas de alimentar tus reservas internas y de adquirir una perspectiva mejor. Desarrolla la tenacidad, pero resístete ante el resentimiento lleno de amargura. No permitas que un mal liderazgo comience a amargar al tuyo.

DESVÍA LA CORRIENTE MORTAL. Toma otra sugerencia de Anna, quien estaba en una posición para disminuir la corriente nociva que fluía hacia los demás. Tal vez tú también puedas reducir de alguna manera la toxicidad o impedir que parte del veneno alcance a otros.

RESÍSTETE A LA VENGANZA. Florence Nightingale aconsejó mucho tiempo atrás: «No te enredes en ninguna guerra de papeles». Hoy en día, ten cuidado con las guerras de correos electrónicos... pueden acrecentar tus problemas.

MANTENTE POSITIVO. Piensa en esta cita de David Sarnoff, uno de los primeros pioneros de la radio: «No paralicemos nuestra capacidad para el bien al ponernos a dar vueltas alrededor de la capacidad del ser humano para la maldad».

LECCIONES DE LIDERAZGO

EL PRINCIPIO DE PETER es pernicioso en especial cuando describe a una persona muy productiva, pero sin integridad. Warren Buffett, con uno de esos chistes suyos que van al grano, describe su propia experiencia:

> Busco tres cosas en la contratación de personas. La primera es la integridad personal, la segunda es la inteligencia y la tercera es un gran nivel de energía. Entonces, si tú no tienes la primera, las otras dos te matarán.

¡Piénsalo! En algunos casos, dos cosas entre tres serían suficientes, pero no es así cuando se trata de la integridad. Su falta, mezclada con el cerebro y la energía, es la que produce los líderes tóxicos.

Caroline Rochon, escritora y entrenadora canadiense, nos dijo que tuvo «su buena ración de trato con jefes tiranos», así que le preguntamos cómo lo soportó. Caroline nos dijo que aprendió a asumir la responsabilidad por su propio bienestar y a preguntarse cómo contribuía ella a la situación. Según ella, le tomó años comprender que tenemos cuatro formas distintas de expresarnos:

«Cuando reaccionaba en forma pasiva, me limitaba a dejar que mi jefe tirano se saliera con la suya, creando un impacto negativo en mi salud física y mental.

»Cuando reaccionaba de una manera pasivo-agresiva, me quejaba con mis colegas, contribuyendo a emponzoñar el ambiente; o solo renunciaba.

»Cuando igualaba la agresividad de mi jefe y me enredaba en una pelea a gritos, le echaba leña al fuego y empeoraba las cosas».

Es obvio que esas tres respuestas se encuentran en la lista que tiene Caroline sobre las cosas que no debe hacer. En cambio, dice esto acerca de su cuarta opción: «La lección más grande es algo que aprendí a hacer recientemente: volverme positiva en cuanto a conocer mis límites y valores, y comunicarlos de una manera serena y clara».

Quizá sea difícil mantenerse sereno y claro con un jefe brutal, y mantener distancia emocional. Para adquirir algo de esa serenidad de ojos limpios y un poco de objetividad, nos podríamos fijar en las formas en que los niños se van volviendo tóxicos mientras crecen. Las causas son incalculables y complejas, pero la descripción de Joe Cavanaugh de su infancia en su libro *The Language of Blessing* nos pareció en algunos aspectos representativa.

Mi padre trataba de ser un buen hombre, pero batallaba con el alcoholismo y con una ira inadecuada. A veces sentía tanta rabia, que se volvía físicamente abusador y exigía perfección. También luchaba con un trastorno bipolar. Yo he calculado que, cuando me marché de mi hogar a los veinte años, había recibido más de diez mil críticas suyas y ni una sola palabra de afirmación.

¡Eso sí es una gran cantidad de críticas! Cavanaugh dice que su padre creía que elogiar a un niño hacía que dejara de esforzarse por mejorar, así que vertía grandes dosis de lo opuesto.

En su misma situación, muchos se habrían vuelto tóxicos, pero Cavanaugh aprendió algo que lo convirtió en un líder con una gran empatía por los demás. Aprendió que no tenía por qué complacer a su padre. Aprendió a recibir las bendiciones de Dios y la aprobación de los demás, y cuenta una pequeña historia sobre un lugar de trabajo en la que muestra el poder que tiene la valoración positiva de las personas.

Su amiga Mary se sentó a almorzar con Betty, una compañera de trabajo a la que todo el mundo esquivaba porque era irritable y poco agradable. Mientras comían la ensalada, Mary pensó en las habilidades y la diligencia de Betty, y decidió decirle lo mucho que la apreciaba. Betty se echó a llorar y le dijo que había pasado mucho tiempo desde que alguien le dijo algo amable.

Mary supo después que Betty había llevado una vida difícil. En la niñez, su madre enferma era la que cuidó de ella, y ahora cuidaba a su esposo que estaba demasiado enfermo para poder trabajar. Se sentía abrumada y atrapada. La afirmación de Mary y el hecho de que la escuchara, tuvieron una profunda influencia en ella.

Lo cierto es que hay mucha gente como Betty, muriéndose de hambre por un poco de afirmación y aprecio. En una situación tóxica, nos es fácil enfocarnos en lo que nos envenena o incluso paralizando nuestra energía y nuestro espíritu, pero ayudar a otros nos puede servir para airear tanto el cuerpo como el alma.

Hay una historia muy vieja sobre tres hombres, uno de ellos lesionado, perdidos en una ventisca con temperaturas bajo el punto de congelación. Desesperados por sobrevivir, uno de ellos dejó a los otros dos diciendo que nunca saldrían vivos de aquella situación si los dos sanos trataban de ayudar al lesionado. Más tarde, los dos que se mantuvieron juntos tropezaron con el cuerpo del hombre que los abandonó. El calor de los cuerpos de ambos unidos los mantuvo vivos, pero el hombre que se fue solo no contaba con más que el calor de su propio cuerpo.

Todos necesitamos apoyo, en el lugar de trabajo y fuera de él. Cuando damos y recibimos, tenemos una posibilidad mucho mejor de sobrevivir.

PREGUNTAS PARA COMENTAR

- *Cuando piensas en un jefe tóxico, ¿qué características te vienen a la mente?*

- *¿Qué piensas acerca de la idea de hacerle una crítica constructiva a tu jefe?*

- *¿Te puedes visualizar encarándote a un jefe desagradable?*

«Los líderes eficientes no dicen "yo". No piensan en función de su "yo". Piensan en función del "nosotros". Comprenden que su trabajo consiste en hacer que funcione el equipo. Asumen la responsabilidad, pero el "nosotros" se lleva el mérito. Esto es lo que crea la confianza, lo que nos capacita para realizar el trabajo».

Peter F. Drucker

«Todo el mundo tiene un cartel invisible colgado del cuello que dice: "Hazme sentir importante". Nunca lo olvides cuando trabajes con personas».

Mary Kay Ash

«Los líderes exitosos comprenden que no todo el mundo se siente apreciado de la misma forma que se sienten ellos».

Paul White

CAPÍTULO TRES

VALORACIÓN: LUGARES GENIALES PARA TRABAJAR

¿CÓMO CONSTRUYES UNA CULTURA CORPORATIVA POSITIVA?

LOS CONTRASTES AGUDIZAN la comprensión. Basta poner un auto lleno de lodo junto a otro que acaban de lavar para revelar en qué se puede convertir el auto enlodado. Vemos el verdadero color de las organizaciones tóxicas cuando las contrastamos con excelentes compañías.

Por ejemplo, Marcus nos habló de las diferencias existentes entre dos de sus lugares de trabajo. Después de terminar el instituto, trabajó para una pequeña compañía de electricidad donde los otros dos trabajadores eran alcohólicos, y el dueño «maldecía a los empleados desde el amanecer hasta el anochecer». Detestaba ir al trabajo y dice que si no hubiera hallado otro trabajo, habría terminado abusando del alcohol como los otros empleados.

En cambio, cuando Marcus se reunió con el comité encargado de contratar empleados para su empleador actual, el presidente del comité le dijo: «Nuestro trabajo consiste en asegurarnos de que triunfes. Si tú triunfas, nosotros triunfamos». Durante los últimos once años, Marcus ha experimentado lo que llama «un ambiente asombroso y alentador que promueve el éxito».

Lo lamentable es que las organizaciones tóxicas sean las que aparecen con mayor frecuencia en los noticieros. Los medios le informan a menudo al público sobre casos de codicia y de explotación, lo cual trae como resultado que la gente crea que casi todos los ejecutivos son personas centradas en sí mismas y carentes de principios. No obstante, no tiene nada de difícil identificar a los líderes de las culturas fuertes y positivas.

Un ejecutivo llamado Craig, que representa los productos de su compañía en varios estados, nos dijo que se siente afortunado de trabajar en una atmósfera de confianza mutua, donde a los empleados se les valora, escucha y compensa de manera justa. Durante los últimos años, en los cuales los cambios y las caídas del mercado crearon presiones extremas para su compañía, se sintió más agradecido que nunca por su estabilidad e integridad.

¿Cómo se resistió su compañía a dejar de lado sus creencias para sobrevivir a un mercado que se hundía? Craig nos pinta esta imagen:

«Cuando la ética se vuelve confusa y yo le digo a mi jefa: "No me siento cómodo con respecto a esto", ella me respalda, aun si eso significa perder una venta».

Todo comienza con nuestro jefe ejecutivo. Él es consciente de que hay tres mil empleados que dependen de que él y nuestra organización vivan los valores que proclaman. Tenemos la libertad de trabajar «de la manera que mejor resulte para ti». ¡Eso es algo grandioso! Se nos dice: «Busquen lo que mejor funcione a partir de su conjunto de habilidades y háganlo». Yo estoy en la costa oeste, y lo que aquí da resultado para mí y para mis compañeros de equipo no resultaría nada bien en nuestras oficinas de Nueva Inglaterra. Nuestros líderes no se dedican a controlar cuanta gestión se haga, por pequeña que sea.

El hecho es que uno de nuestros vicepresidentes que quiso hacerlo, lo despidieron el mes pasado. Tenía en el corazón el deseo de controlarlo todo al máximo; sí, organizaba y en ciertos sentidos era un líder eficiente y un buen hombre, pero no podía abandonar ese impulso de querer controlarlo todo. Durante años, nuestros líderes lo ayudaron a funcionar, pero al final nuestro compromiso de darle libertad a la gente para que crezca y haga las cosas a su manera chocó con su afán de control. El punto de ruptura se produjo cuando uno de los mejores empleados que se hallaban directamente bajo sus órdenes renunció por esa causa.

Nuestros líderes tomaron la difícil decisión de despedirlo de una manera cuidadosa y compasiva, pero siempre es algo doloroso. Sin embargo, es lo que abre el lugar para alguien que encaje de manera más natural.

Todo tiene que ver con nuestra cultura de confianza. En las ventas surgen cuestiones poco definidas. Las dos terceras partes de mi trabajo consisten en vender el valor de mi compañía, así que hacer las cosas como es debido termina surtiendo efecto porque nuestros clientes confían en nosotros. Cuando la ética se vuelve confusa y yo le digo a mi jefa: «No me siento cómodo con respecto a esto», ella me respalda, aun si eso significa perder una venta.

Para que vean hasta qué punto es importante la confianza para nosotros, nuestra compañía ha puesto en funcionamiento una línea de urgencia sobre ética, y si vemos que algo traspasa los límites establecidos, podemos llamar a esa línea. Aun así, ninguno de nosotros ha tenido jamás necesidad de usarla.

Comentando sobre la integridad y la confianza, conversamos con el presidente de una universidad acerca de un joven ejecutivo que recibió un ascenso para guiar su organización, pero se encontró con la resistencia de su personal profesional. El presidente hizo esta observación: «Necesita leer *La velocidad de la confianza* de Stephen Covey. Sin ganarse la confianza, su liderazgo siempre estará en tela de juicio».

Covey afirma en su libro que «la velocidad aparece cuando las personas se tienen de veras una confianza mutua». Considera la confianza como «un valor procesable, tangible y pragmático que se puede crear», y la ve como «la única cosa que lo cambia todo».

Craig nos dijo que ve esto en su compañía a todos los niveles:

> En nuestra conferencia nacional se nos dijo: «Queremos que conviertan sus sueños en realidad. Los apoyamos como personas. Si se sienten realizados, nos beneficiamos ustedes y nosotros». Uno de mis colegas se dedica en sus fines de semana a reciclar monopatines viejos, haciendo mesas con ellos y vendiéndolas, y mientras haga la parte de su trabajo que le corresponde, nuestra compañía lo anima a seguirlo haciendo. En cambio, conozco otras compañías que les comunican a sus empleados: «Nosotros somos sus dueños».
>
> Vi una ilustración de esto mientras conversaba con el gerente de una compañía pequeña. Me señaló una empleada clave que se marchaba para cumplir su sueño de estudiar en la escuela de medicina. Estaba enojado e hizo comentarios amargos acerca de ella.
>
> «Usted se debería alegrar por ella», le respondí.
>
> Él reaccionó con algo imposible de repetir. Solo podía pensar en lo que perdía.
>
> Ni una sola vez he leído en toda la literatura que sale de nuestra gerencia que las maneras controladoras de actuar, al estilo de los sargentos que entrenan a los novatos en el ejército, produzcan unos resultados más elevados. ¡Por el contrario! Todos captamos en lo que nos comunica nuestro jefe ejecutivo que las personas son de veras más importantes que el valor de nuestras acciones. Él nos hace sentir como parte de su equipo. El promedio de tiempo que trabaja un empleado en nuestra compañía es de veinticuatro años.

HAY GRANDES LUGARES DE TRABAJO, los hay tóxicos, y quizá los más estén en el medio... la gama es muy amplia y, por fortuna, hay muchos buenos. Cada año, la revista *Fortune* hace una lista de las cien «Mejores empresas donde trabajar», y en greatplacetowork.com aparece una lista de organizaciones pequeñas y medianas. *Best Christian Workplaces* publica su propia lista anual. La revista *Working Mother* las clasifica haciendo incluso una lista de las «Mejores compañías para las mujeres multiculturales». Aunque las mejores organizaciones se enfrentan a los mismos desafíos que significan los perturbadores cambios en el mercado, las discordias sociales y los pasmosos mandatos del gobierno, insisten en buscar las mejores prácticas y por lo menos buscar maneras de tratar con respeto a sus empleados.

Por supuesto, también podrás encontrar listas de «las peores compañías donde trabajar», descritas como «compañías que siguen haciendo desdichados a sus trabajadores».

Hay libros como *Good to Great* de Jim Collins y muchos otros que muestran las formas en que los valores positivos de las corporaciones traen como resultado un triunfo seguro. Entre los mejores de estos libros hay algunos escritos por líderes que son ellos mismos personas eficientes. En las librerías y páginas web se encuentran centenares de recursos de este tipo, y muchos los encontramos inspiradores, prácticos e instructivos.

No obstante, es justo preguntar: Con todos esos autores y líderes que llaman a una alta integridad, ¿por qué las encuestas indican que la mayor parte de la gente desconfía mucho de los líderes en todos los campos? Es más, ¿por qué hizo falta escribir este libro que lees acerca de los lugares de trabajo tóxicos? ¿Será acaso que estos libros sobre el liderazgo se venden por millones para que las personas los compren y después los dejen a un lado?

Una respuesta a esto es que quienes más los necesitan los pasan por alto.

La buena noticia es que son muchos los líderes excelentes que leen los libros, aprenden en los seminarios, tienen redes de comunicación entre sí y dirigen organizaciones saludables. Y todos esos principios y compromisos se van transmitiendo a la gente que fabrica los productos y sirve a los clientes.

Una de las ilustraciones más fascinantes de esto la podemos ver en la historia de un hombre acerca de sus experiencias como nuevo empleado de la cafetería *Starbucks*. Era un ejecutivo acabado sin posibilidades futuras de ninguna clase, y en su desesperación aceptó un trabajo allí y terminó limpiando inodoros. Escribió un libro acerca de sus experiencias, al que tituló, increíblemente, *How Starbucks Saved My Life* [Cómo Starbucks me salvó la vida].

¿De veras? Eso parece algo exagerado. Sin embargo, descubrimos que el título le viene bastante bien a la historia.

Michael Gill creció en una vida de grandes privilegios como hijo de unos acaudalados neoyorquinos, y después de estudiar en la universidad, comenzó a trabajar en *J. Walter Thompson*, que en ese entonces era la agencia publicitaria más grande del mundo. Trabajando duro, llegando temprano y quedándose hasta tarde en la oficina que tiene la empresa en Nueva York, pronto comenzó a ganar ascensos y con frecuencia. Cuando se convirtió en un creativo director y vicepresidente ejecutivo, tenía entre sus cuentas las de Ford, Christian Dior, IBM y de la Infantería de Marina de los Estados Unidos. J. Walter Thompson hizo famosa la icónica frase de «Estamos buscando unos cuantos hombres buenos», y en el cuarto de operaciones del Pentágono, Gill le hizo al Estado Mayor Conjunto una presentación que les ganó la cuenta del reclutamiento para el Departamento de Defensa. Era leal, trabajaba gran cantidad de horas, siempre estaba dispuesto a adaptar su horario a las necesidades de un cliente. Un día de Navidad, cuando sus pequeños apenas habían acabado de desenvolver sus regalos, recibió una llamada de la Ford. Dejó a sus hijos llorando para volar hasta Detroit y grabar un anuncio.

Entonces, después de veinticinco años, cuando un nuevo dueño tomó medidas para aumentar las ganancias, lo despidieron.

Gill se trató de ganar la vida como consultor, pero se acabó el trabajo y su vida se comenzó a derrumbar con gran rapidez. Perdió a su esposa y una gran casa, y un día, aunque vestido con su traje a rayas de *Brooks Brothers*, se halló en bancarrota, sentado en *Starbucks*, tomándose un café con leche que en realidad no se podía permitir. Una joven afroamericana, vestida con un uniforme de *Starbucks*, le preguntó si quería un trabajo. Se llamaba Crystal, y así se convirtió en su jefa que no se andaba con rodeos y le decía con claridad cómo se hacían las cosas allí.

Su historia parece una novela cuando describe la clase de gerente que era Crystal y cómo sus otros colegas ponían en práctica día tras día los principios de *Starbucks*. ¿Qué eran ellos y cómo «le salvaron la vida»? Él va desarrollando todo eso en su historia, y los valores básicos que señala son el trabajo en equipo y el respeto mutuo.

Los líderes de *Starbucks* también presentan las características distintivas de *Starbucks*. Los medios noticiosos han cubierto ampliamente a Howard Schultz, su fundador, quien ha escrito sus propios libros, entre ellos *El desafío Starbucks: Cómo Starbucks luchó por su vida sin perder su alma*.

¡Ese sí que es un título relevante! Los dos temas que compiten entre sí, la supervivencia por una parte y la captura del alma, son los desafíos gemelos a los que se enfrentan las organizaciones. En medio de los violentos cambios y las interrupciones actuales, luchar por la supervivencia es parte de la escena, y en los remolinos que nos amenazan, es frecuente que pasemos por alto los valores. Schultz se fija unas normas elevadas para pelear la buena batalla. Él y sus colegas insisten en que la gente tiene que venir primero. Rechazan el pensamiento a corto plazo de otras compañías menores, al insistir que los tiempos difíciles exigen que se haga lo más que se pueda por los trabajadores y que no es posible «retroceder en el éxito». Los tiempos difíciles exigen «darlo todo por el cuidado de la gente».

En una organización tan grande como *Starbucks*, es seguro que haya empleados con quejas y heridas personales. Aun así, vemos en las experiencias de Gill que es cierto que las apasionadas preocupaciones de los líderes más altos pasan a los gerentes y a los trabajadores que sirven a los clientes. Schultz, el fundador de *Starbucks*, habla de que un gran negocio es uno que tiene una conciencia e insiste en que «uno puede hacer bien al hacer el bien».

¡Piénsalo! Creer o rechazar esta afirmación de Schultz quizá solo sea la línea divisoria entre las organizaciones decididas a capacitar y contribuir, y las que explotan a los empleados, convierten en supremos los resultados finales y, en última instancia, explotan a la sociedad.

¿**Q**UÉ HACE FALTA para dirigir una organización altamente eficaz? No hace falta una maestría en Administración de Empresas. La siguiente historia de un ejecutivo llamado Kevin ilustra cómo un «personaje común y corriente» con un fuerte carácter y una preocupación auténtica por los miembros de su equipo, puede crear un lugar donde la gente prospere y se hagan todas las cosas importantes.

A principios de mi carrera, me uní a una compañía dirigida por un dinámico hombre con poca educación formal. John sabía escuchar, tomaba unas decisiones firmes, era agradable estar a su lado y su integridad era total. No necesitaba tener pegados a ninguna pared «Los diez mandamientos del buen liderazgo». Ya los vivía de una manera natural.

Cuando viajábamos juntos, nunca sentí que estaba con «el jefe». En su lugar, trabajaba junto a alguien que compartía mis valores. Nos inspiraba a mis compañeros de trabajo y a mí para que fuéramos los mejores hombres y mujeres que pudiéramos ser. No les temía a las críticas y, en realidad, recibía con agrado las sugerencias de sus líderes.

En una ocasión íbamos de camino y comentábamos una situación negativa con un empleado. Me dijo: «Si a Steve no le agrada lo que hace, es que no se suponía que formara parte de nuestro equipo. Sin diversión, el trabajo lleva al aburrimiento y la negatividad».

Eso tocó mis fibras más sensibles. Cuando progresé y me convertí en vicepresidente, siempre busqué maneras de introducir algo de diversión para desactivar una mala situación o para ayudar al grupo a atravesar los tiempos difíciles. Me parecía un buen uso del tiempo y el dinero de la compañía que fortaleciéramos nuestro equipo mediante actividades divertidas, asistiendo juntos a un juego de béisbol o solo sentándonos a conversar. Quería tratar a todos como colegas a mi misma altura, tal como John me trataba siempre a mí.

Todos nos beneficiamos de su liderazgo. Como toda la compañía trabajaba unida, experimentamos unas ventas ocho veces mayores al cabo de diez años. ¡No es poca cosa!

Podríamos describir muchos otros lugares de trabajo y líderes buenos y estupendos, pero tal vez la forma más realista de terminar este capítulo sea señalando de nuevo que muchas veces el trabajo se vuelve difícil, y que eso es cierto hasta en los mejores lugares. Si tenemos en cuenta las realidades de la naturaleza humana, veremos que a menudo reaccionamos de manera negativa ante las faltas de respeto o las frustraciones. Para reaccionar de manera positiva, tenemos que hacer uso de nuestra fuerza de voluntad.

Hannah trabaja en la oficina de un quiropráctico en una atmósfera que describe como un lugar afectuoso, acogedor y maravilloso para trabajar. Sin embargo, admite que es demasiado fácil permitir que se vayan infiltrando unas actitudes negativas. Las exigencias de los pacientes la irritan. Las personalidades difíciles le amargan el día, y algunas veces detesta ver que entran por la puerta en busca de tratamiento.

Cuando nos contó la forma en que cambió esto, tenía una sonrisa en el rostro:

> Uno de mis pacientes habituales me enojaba inmensamente. Era como un pedazo de arcilla, nunca hacía nada. Le preguntaba: «¿Visitaste a tu hermana en Chicago?». No, no la había visitado. Si le decía: «Tienes que hacer algo», a él no le interesaba hacerlo.
>
> Sabía que mi actitud hacia él y hacia varios más tenía que cambiar, y me vino a la mente un consejo que me dio mi padre. Cuando yo era niña en nuestra granja y me quejaba de lo raro que era Stanley, nuestro empleado, él me decía que siempre se puede encontrar algo positivo en una persona... Hasta en Stanley.

Entonces, ¿qué cosa positiva podría encontrar en aquel paciente que me irritaba tanto?

Por raro que parezca, me vino a la mente este pensamiento: Tiene una nariz muy elegante.

Sonrío mientras lo digo, pero lo cierto es que eso se volvió una broma en la oficina: él se había convertido en el personaje de la nariz elegante. Sin embargo, poco a poco me fue cayendo cada vez mejor. Él era un hombre observador y hacía preguntas interesantes. No tenía vida propia, pero se trataba de una decisión suya. Aprendí a disfrutar de su presencia.

Aunque cultivo actitudes positivas, las quejas aparecen de manera natural, y me enojo de verdad cuando alguien hace algo desagradable o humillante. Entonces es cuando me digo una y otra vez: «¡Gracias a Dios que no estoy casada con esta persona! No tengo por qué tratarla. Me puedo ir a casa para volver a mi feliz vida real. Mantener una actitud sana es algo que me exige pensamiento y fuerza de voluntad, pero hace que mis días de trabajo sean mucho más agradables».

ESTRATEGIAS DE SUPERVIVENCIA

PROSPERA CON LOS CAMBIOS. Cuando tratamos de enfrentarnos con cambios que interrumpen lo más querido, muchos nos cansamos de ese mantra. No obstante, la incansable aceleración de los cambios nos exige flexibilidad, cualesquiera que sean nuestras habilidades y nuestros papeles. Nos precipitamos hacia el futuro, y el futuro pronto será muy diferente. Como los inmigrantes que llegan a una tierra que tiene otras costumbres y hablan otro idioma, necesitamos adaptarnos siempre y cultivar una mentalidad que mantenga tanto nuestra integridad como nuestra capacidad para contribuir a la sociedad.

NO TE DEJES SORPRENDER. En un buen lugar de trabajo, ¿necesitarás de veras estrategias para sobrevivir? ¡Sí! Las juntas de gobierno y los jefes cambian, los papeles y las relaciones se interrumpen y siempre hay algún irritante compañero de equipo que haga mal las cosas y te eche la culpa. Oswald Chambers dijo algo que llamó una clara realidad: «Sin la guerra, la vida es imposible». Describía la salud como «algo que exigía suficiente vitalidad interna contra las cosas externas». Así como nuestro cuerpo lucha contra los gérmenes, a lo largo de la vida nos tenemos que enfrentar a toda clase de «cosas mortales». Chambers dice que necesitamos alimentar nuestra fortaleza espiritual para «eliminar las cosas que vienen en contra de nosotros», una manera interesante de pensar de nuestra respuesta de vitalidad a los ataques o reveses inesperados.

MANTENTE ALERTA. Encontrarás que el capítulo 7, «Descenso al lado oscuro», detalla un fenómeno sorprendentemente común en los lugares de trabajo buenos y hasta en los estupendos. A veces es algo que se produce con rapidez. Por ejemplo, un amigo que conocíamos bien, creó una gran corporación multimillonaria y después le pasó su título de jefe ejecutivo a su hijo, quien despidió de inmediato a veintenas de los gerentes principales que su padre escogió de manera personal. Las acciones de la compañía se derrumbaron y miles de empleados quedaron atrapados en medio de aquel torbellino. El caos puede estallar de repente en los lugares más inesperados, y los que se hallen preparados de manera mental y espiritual serán los que mejor sobrevivan a las tormentas.

TEN EN LA MIRA EL DESEMPLEO. Michael Gill insiste en su libro acerca de *Starbucks* en que el trauma de perder su trabajo, que al principio fue devastador, terminó siendo lo mejor que le había pasado en toda su vida. El desempleo puede ser difícil y hasta catastrófico, pero sucede. Ya sea que estés en un trabajo fortalecedor o explotador, haz acopio de todo tu valor y mantente listo para ver lo que sucede en el próximo conjunto de retos y en la siguiente aventura.

LECCIONES DE LIDERAZGO

¿**Q**UÉ HACE a un gran líder? Jim Collins analizó la investigación hecha para su superventas *Good to Great*, y según sus propias palabras, se quedó estupefacto. Descubrió que a los jefes ejecutivos que habían logrado «resultados extraordinarios» no los impulsaban su ego, sino la modestia. Mezclaban una «humildad personal extrema» con una «inquebrantable resolución», encauzando las necesidades de su ego desde ellos mismos hacia la meta más amplia. Collins dice que durante las entrevistas, estos líderes dijeron cosas como las siguientes: «No creo que me pueda atribuir mucho mérito. Fuimos bendecidos con una gente maravillosa».

El descubrimiento de Collins estaba aún fresco en la mente de su coautor Harold Myra cuando le mencionó a Billy Graham que quería escribir un libro acerca del liderazgo del evangelista. La respuesta de Billy fue asombrosamente similar a la que dieron los entrevistados por Collins. Desvió con fuerza el mérito desde su propia persona hasta los demás y hasta su equipo.

Pocos piensan que Billy Graham es un jefe ejecutivo, pero él comienza su autobiografía refiriéndose a sus pesadas responsabilidades como presidente de su organización. Muchos han juzgado el liderazgo de Graham como extraordinario en gran medida, puesto que ha mantenido unido su equipo original durante más de medio siglo, con unos resultados internacionales singulares. En el libro sobre su liderazgo, Harold dedicó todo un capítulo a «La redención del ego», una dinámica central dentro de la eficiencia de Graham.

En cambio, Collins siguió el libro *Good to Great* con otro llamado *Cómo caen los poderosos*. ¿Qué descubrió en su nueva investigación que solía ser el principio de la caída de las grandes corporaciones? El primer paso en sus fallos era lo que Collins describe como orgullo y arrogancia. Cuando aparecen estas cosas, una organización se puede desplomar con gran rapidez.

¿Eres parte de una organización buena o incluso estupenda? Gran parte de su magia procede de la humildad de los líderes, mezclada con su intensidad y con sus egos al servicio de la causa. Tal vez parezca irónico que los líderes de las mejores compañías sean hombres y mujeres humildes, pero la humildad es en diversos sentidos tan central a un liderazgo magnífico como el cerebro y la energía.

Eso significa que cuando estés contratando a alguien, es vital que encuentres maneras de equiparar la madurez psicológica y espiritual con los requerimientos del puesto. Una persona con grandes habilidades se puede convertir en un líder pésimo... ¡y en tu peor dolor de cabeza!

Si estás en una gran compañía y eres un líder que actúa con gran eficiencia, gran parte de lo que te sucede podría proceder de la cultura de la compañía. Un estudio sobre los ejecutivos de la IBM reveló que las estrellas que se marchaban para trabajar en otras compañías, muchas veces no lograban repetir sus éxitos en ningún otro lugar. La humildad es un simple reflejo de la realidad en cuanto a lo que puede hacer una persona. Libera a los líderes de las falsas arrogancias, resalta la importancia de los demás, e inspira y fortalece a los equipos.

PREGUNTAS PARA COMENTAR

- *¿Crees que un líder debe ser digno de confianza para ser eficiente? ¿Por qué?*

- *¿Has conocido o trabajado bajo la dirección de un líder de veras sólido? ¿Qué características tuvieron un impacto en ti?*

- *¿En qué aspecto quieres crecer para convertirte en un líder más eficiente (sin tener en cuenta el que ya te encuentres en un puesto formal de liderazgo)?*

«La confianza es un producto frágil.
Conoce tu código de conducta y los valores
que apoyas. Recuerda: si no quieres tener que
explicarlo en el programa "60 Minutos",
lo mejor es que no lo hagas».

Terry Paulson

«El líder guía, y el jefe maneja».

Teodoro Roosevelt

«No importa mucho alcanzar grandes logros
si todos los que te ayudan a llegar hasta allí
mueren en el camino».

Paul White

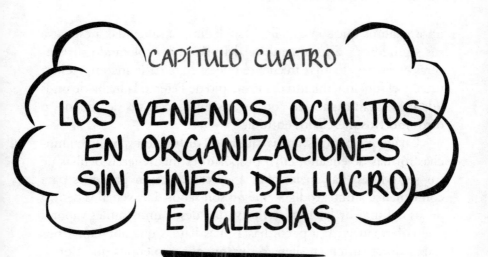

CAPÍTULO CUATRO

LOS VENENOS OCULTOS EN ORGANIZACIONES SIN FINES DE LUCRO E IGLESIAS

LAS COSAS DESAGRADABLES Y DISFUNCIONALES PUEDEN CORROMPER EN SILENCIO UNA MISIÓN HERMOSA

LAS ORGANIZACIONES SIN FINES DE LUCRO SE FOR-MAN para hacer el bien, y las iglesias se crean para ministrarle a la congregación y ayudar a otros. En el mundo que las rodea, proyectan bondad y luz... pero algunas veces sus empleados experimentan lo contrario.

A fin de poner este capítulo en contexto, nos apresuramos a decir que los tres autores de este libro hemos trabajado con numerosas organizaciones basadas en la fe y diversos líderes de ministerios. Con raras excepciones, todos se han ganado un gran respeto por nuestra parte. Hemos visto muchas situaciones lamentables y delicadas, pero casi siempre nos hemos relacionado con iglesias y organizaciones sin fines de lucro que han tenido unos líderes siervos auténticos y donde ha existido integridad personal.

Al mismo tiempo, las realidades de la condición humana hacen que no nos sorprendan las disfunciones encontradas en los ministerios. Al igual que otras organizaciones, las dirigen toda clase de personas; en otras palabras, gente que es humana. Hay unos cuantos que son canallas y se dedican a sabiendas a estafar a sus seguidores y a los miembros del personal, explotando sus sinceras creencias. Es más frecuente que se trate de la incompetencia usual y el funcionamiento del Principio de Peter, o la lucha de unos líderes de gran capacidad con sus inseguridades, sus debilidades u otros motivos mezclados entre sí.

Cualesquiera que sean las causas, las disfunciones incluyen muchas formas de engaño, cuyo propósito es mantenerlas ocultas de sus seguidores. Las apelaciones a «la causa» crean presiones para conformarse a unos códigos que no son sanos. Los venenos dentro de las culturas de los ministerios varían desde unos sutiles vapores que enferman poco a poco, hasta unas llamas que abrasan. Unos trabajadores sufren en silencio durante años, mientras que a otros los despiden.

Nosotros estuvimos comentando todo esto con Lee, quien fuera pastor administrativo de una megaiglesia con un ambiente tóxico de trabajo. Aquí tienes el cuadro que describió:

> Nuestro líder era muy egocéntrico y narcisista. Controlaba y administraba hasta el más mínimo detalle, y toda la información tenía que pasar a través de él. Esperaba de nosotros que dijéramos las cosas adecuadas y con el lenguaje apropiado, dándole vueltas a la verdad y actuando como si fuéramos saludables, cuando no lo éramos. Se dedicaba más energía a la creación y el mantenimiento de la imagen, que a la solución de los problemas y la creación de realidades positivas.
>
> Mi jefe disfrazaba su personalidad controladora enviando mensajes del tipo «me preocupo por ti». Cuando se daba cuenta de que yo estaba a punto de explotar, pasaba por donde estaba y me decía algo positivo para mantenerme comprometido. Lo vi preparar líderes jóvenes para hacerlos receptivos a sus métodos de control. Sin embargo, no todo era un control sutil. Decía cosas como: «¡Eres un tonto!», o exigía: «Lo puedes llamar para decirle que es un estúpido».
>
> La desconexión entre la realidad de la situación y la imagen que se presentaba era inmensa.

Steve, otro pastor que ahora dirige una congregación pequeña y saludable, sirvió en el pasado en una iglesia grande con unos problemas similares al nivel de su liderazgo superior. Tiene estudios teológicos y de terapeuta, y cuando nos relató su historia, fue franco y objetivo. No es una persona airada, pero tenía toda la razón del mundo para sentirse furioso por la forma en que le trataron.

La iglesia grande donde trabajaba tenía grandes problemas financieros, así que se llamó a un nuevo pastor principal que encontró la forma de resolver sus problemas de dinero. Eso le dio credibilidad al nuevo líder ante la congregación y la junta de ancianos, pero no ante los numerosos miembros del personal que trabajaban bajo sus órdenes. Steve no podía aceptar ninguna de las cosas positivas que se proclamaban en los sermones de los domingos. Aquí tienes lo que nos dijo:

> A otro miembro del equipo y a mí nos encargaron la dirección del culto de adoración, pero nunca pudimos recibir ningún comentario constructivo. Si algo nos salía mal, la respuesta era el silencio. Nos dejaba solos.
>
> En una ocasión, se nos encomendó a todos que hiciéramos una lista de nuestras responsabilidades y un cálculo de nuestras horas de trabajo. Mis deberes me llevaban un total de setenta u ochenta horas, pero no hubo más respuesta que un «hágalo». Cuando le llevábamos problemas al pastor ejecutivo, él decía que se los llevaría al pastor principal, quien muy raras veces se comunicaba después con nosotros. Usaba la culpabilidad para motivar, con la intención de controlarlo todo en la iglesia.
>
> En las reuniones de personal, el pastor principal habló dos veces acerca de la disminución de los miembros: «He estado pensando con detenimiento sobre esto, y sé que yo no soy el problema». En otras palabras, la culpa por la falta de crecimiento era del personal. Teníamos que enfrentarnos a cada momento a un liderazgo pasivo-agresivo: una semana se nos decía que todo iba muy bien y a la semana siguiente se nos decía que no íbamos bien y que era necesario que hiciéramos las cosas de una manera diferente.

Se consideraba a todos los miembros del personal como si estuviéramos allí para cuidar de los dos líderes. Ellos nos podían pedir lo que quisieran, pero se llevaban todo el mérito. Para funcionar, teníamos que vender nuestra alma. Ellos insistían en que necesitábamos estar dispuestos a caer sobre nuestras espadas para mantener en funcionamiento la organización, y esperaban de nosotros que tergiversáramos la verdad.

En nuestra atmósfera teológico-religiosa, esto generaba un nivel extra de vergüenza.

> «Mi pastor ejecutivo me dijo: "Si alguien abandona la fe a causa de esto, la culpa será tuya"».

Algunos días, apenas podía funcionar. Así, comencé a buscar una nueva posición y entré en contacto con un pastor principal que solo me hizo cuatro preguntas. Después de escuchar mis respuestas, me dijo: «Hombre, se encuentran en una situación terrible. Se van a meter en un gran problema y les va a estallar en la cara».

¡Qué razón tenía! Yo seguí buscando otro trabajo, pero me faltaba energía. Estaba paralizado. No sabía de qué manera renunciar, pero sí sabía de qué manera me podían despedir. Un año y medio después, fue justo eso lo que sucedió.

El día que me marché, tuve una dolorosa y exasperante conversación con el pastor ejecutivo. Me dijo: «Si alguien abandona la fe a causa de esto, la culpa será tuya. Eres un arrogante». Me echó toda la culpa.

Steve sabía que los ancianos de la iglesia y sus colegas no estarían de acuerdo con esas acusaciones, pero escuchar esos juicios dichos en su propia cara fue algo abrumador. Había estado viviendo en «la situación terrible» durante demasiado tiempo, y de seguro que había terminado estallándole en la cara. Llegó a su casa desmoralizado.

Justo en ese momento un buen amigo pasó por allí, vio su devastación y le preguntó qué sucedía. Steve le dijo que lo despidieron y mencionó las cosas que le dijeron.

Su amigo era muy consciente de lo que él había estado pasando, y Steve se sorprendió ante su categórica respuesta:

> Me miró a los ojos y me dijo con energía: «¡Tú sabes que todo eso es una sarta de tonterías!».
>
> La sacudida que me produjo su seguridad se abrió paso por aquella neblina emocional en la que estaba metido. Para mí, era un resplandeciente rayo de claridad. Ambos sabíamos que yo no era perfecto, pero era necesario que les diera a esas acusaciones el lugar que les correspondía.
>
> Con el tiempo, he logrado superar el enojo y he llegado a comprender por qué esos pastores actuaban como lo hacían, y el estrés que sentían por el hecho de ser unos líderes aislados. Ahora veo que yo formaba parte de un sistema y estaba contribuyendo a las disfunciones. Habría debido hablar con toda franqueza, pero no estaba pensando con claridad. Me había engañado a mí mismo pensando que podía cambiar las cosas.
>
> Algunas personas bien intencionadas de la congregación me estimaban de verdad y me lo dijeron. Sin embargo, ahora veo que lo que necesitaba era que alguien me dijera: «Te amamos, pero lo que de veras necesitas es marcharte. Aquí te estás muriendo».

Steve encontró en su amigo maduro la contundente claridad crucial para recuperar su salud. Los estudios indican que las personas que identifican mentores y después cultivan esas relaciones son las que triunfan más a menudo en la vida y en el trabajo. Los mentores sabios proporcionan numerosas ventajas, incluyendo la objetividad, que es vital para sobrevivir a las culturas tóxicas.

Enfatizamos en que sean «sabios», porque no todas las personas con opiniones tienen el don de la sabiduría. Además, hay mentores que hablan más de lo que dan, y otros solo usan las relaciones para sus propios propósitos.

Por ejemplo, Randy, acabado de salir de la universidad con un título en administración de empresas, creía en lo valioso que es tener un fuerte mentor. Encontró uno que lo consideró un joven con un gran potencial. Sin embargo, durante varios años, Randy trabajó para él en diversas iniciativas que nunca llegaban a nada y, al final, arruinado y exhausto se dio cuenta de que lo habían estado utilizando.

Una vez dicho esto, un buen mentor puede proveer ideas y puntos de referencia esenciales. En nuestras entrevistas y experiencias, hemos visto que quienes se hallan en situaciones tóxicas, pero desarrollan relaciones con amigos sabios, tienen mayores probabilidades de actuar lo antes posible. Una de las más ricas oportunidades en la vida es la de disfrutar del consejo de gente experimentada y de buen corazón, e identificarnos con esas relaciones que vale la pena cultivar de una manera especial.

Con respecto a este tema, se necesita una advertencia adicional. Un estudio señala que la mayoría de las relaciones entre mentor y tutelado solo duran un promedio de siete años, y a menudo terminan mal. Necesitamos la riqueza de muchos buenos consejeros a lo largo de nuestra vida y una actitud que los apoye. De esa manera, podremos hallar la claridad y la tolerancia que necesitamos cuando las cosas salen mal.

Steve terminó viendo a los pastores que lo hirieron como unos hombres que tenían sus propias luchas. El proceso de sanidad, en especial después de una experiencia en el ministerio en la que se atacaron los valores básicos y el mérito personal, puede llevar un largo tiempo. No obstante, la esperanza es lo último que se pierde, y algunas veces hasta es posible una reconciliación.

Un pastor ejecutivo llamado Jason tuvo una experiencia muy parecida a las de Lee y Steve. En una iglesia grande y llena de vida donde ministraba, el estilo de liderazgo centrado en su propia persona del pastor principal tenía desesperado al personal. Él y la mayoría de los demás ministros renunciaron, y la asistencia se vino abajo. Por último, también renunció el pastor principal.

Jason nos dijo: «Pasó alrededor de un año antes que yo estuviera listo para reconciliarme con mi antiguo pastor, pero cuando nos reconciliamos, esa fue una de las cosas más valiosas que haya hecho jamás. Cuando lo abracé, le dije: "Es probable que nunca volvamos a estar juntos de este lado del cielo, pero tampoco quiero que ninguno de nosotros dos vaya caminando por el resto de nuestras vidas aferrado a esta amargura y a este sufrimiento". Me marché, asombrado ante su nuevo nivel de humildad y transparencia. Fue una experiencia muy sanadora».

LA INEVITABLE METÁFORA de la tan mencionada rana en el agua que se va calentando poco a poco y nunca llega a saltar del agua se aplica a muchas de las personas que entrevistamos. En el primer capítulo, vimos a Bill que pensaba que entraba en una compañía parecida a la otra con los jefes amistosos y serviciales que acababa de dejar. En su lugar, tuvo que sufrir dos largos años de una debilitante desdicha. Kurt fue posponiendo el establecimiento de sus propios límites. Melanie salió antes que fuera demasiado tarde, y Steve terminó pasando a un ministerio fructífero. Sin embargo, una mujer llamada Eva comenzó a trabajar en un ministerio que le pareció un maravilloso lugar de servicio, pero terminó sufriendo durante veinte largos y deprimentes años.

Aquí tienes la historia de Eva:

Pensaba que comenzaba en mi trabajo ideal en un ministerio. Era digna de confianza, leal, extremadamente consagrada y sentía una inmensa satisfacción con mi trabajo y el papel que desempeñaba. En cambio, a medida que fue pasando el tiempo, vi cómo cada vez más las buenas personas se marchaban de la organización. Los egos con los que tenía que lidiar a diario eran peores que en mis trabajos seculares anteriores, y me volví una persona muy desilusionada.

«Ahora estoy en un maravilloso ambiente de trabajo secular, y nunca me había sentido tan bien».

Puesto que se iban marchando tantas personas, yo era la que tenía la mayoría de las responsabilidades, de manera que trabajaba mucho más de las cuarenta horas sin recibir ninguna paga adicional. Al fin y al cabo, era la obra del ministerio, ¡y eso era lo que se esperaba de mí!

Los líderes nos animaban muy poco, pero con frecuencia nos criticaban con dureza. Por lo general, a los elogios le seguían un «pero». Cada vez que podían, me culpaban para su beneficio personal, ¿y por qué no? Se imaginaban que no me iría a ninguna parte. Mi autoestima estaba destrozada y me sentía inútil. Así fueron pasando los años.

Yo perseveraba, pero notaba un cambio en mi personalidad. Estaba afligida porque mi fe y mi confianza en las personas estaban en peligro, y no sentía gozo alguno. Sabía que tenía que haber algo mejor para mí.

Mantuve abiertos los ojos y los oídos. Dios escuchó mis numerosas oraciones, ¡y por fin se me abrió una puerta! Me tuve que mudar y dejar atrás a muchos amigos, pero era la oportunidad perfecta.

Ahora estoy en un maravilloso ambiente de trabajo secular, y nunca me había sentido tan bien. Mis compañeros de trabajo son un equipo, y todos estamos en las mismas. Nadie tiene más trabajo que los demás, y a todos nos aprecian y compensan de una manera justa. Mis empleadores son bondadosos y generosos, y hacen cuanto sea necesario por asegurarse de que sus empleados estén bien atendidos. Como pasa en cualquier organización, tenemos nuestros problemas, pero para mí es como «el cielo en la tierra». ¡Siempre tengo ganas de ir a trabajar! Y lo mejor de todo es que la gente nota la diferencia. Todos me hablan de lo feliz que me veo ahora.

No tenía idea de que mi falta de gozo haya sido tan evidente.

Los jóvenes e inexperimentados, como Eva cuando comenzó en el ministerio, son los que se dejan cegar con mayor facilidad por un liderazgo tóxico. Al menos en un primer momento, raras veces se dan cuenta de hasta qué punto son las heridas que les hacen, y su aceptación de esa cultura enfermiza limita su capacidad para tomar una acción positiva.

Tony, estudiante del último año de la universidad, pensó que había hallado el lugar ideal para sus prácticas en el programa de jóvenes de una iglesia grande. Llegó entusiasmado con el ministerio y el trabajo con los jovencitos, pero en seguida se dio cuenta de que había algo que no andaba bien. El pastor principal de jóvenes no se llevaba bien con su asistente y parecía estar tratando de lograr que se fuera. El equipo no tenía sentido alguno de estar realizando una misión. Tony nos dijo: «Yo me convertí en la oportunidad para que el pastor de jóvenes tuviera libre el verano y me asignaron unas tareas irrelevantes. Cuando me regañaban sin razón alguna como si fuera un chiquillo, el líder que me habría debido defender no hacía nada. Los nueve meses de prácticas fueron devastadores. Volví a casa deprimido, rompí mis relaciones con mi novia y tuve que batallar con mi fe. Era joven, no tenía manera de procesar la experiencia y me sentía muy confundido».

Tony y su novia terminaron reconciliándose, se casaron y ahora él está en un trabajo que le encanta, pero sus «devastadoras» prácticas todavía agitan en él dolorosas emociones. Al recordar lo pasado, afirma que habría debido huir de allí en la primera semana después de llegar.

En otras situaciones del ministerio, la decisión entre duras alternativas se vuelve difícil. Un pastor joven y su esposa acudieron a Gary, nuestro coautor, y le relataron la historia de su sufrimiento a manos de tres diáconos. Él fue pastor durante tres años en una iglesia de una pequeña población del sur. La gente los recibió con afecto y después del primer año, la iglesia comenzó a crecer. Empezaron a asistir nuevas personas y había entusiasmo en el ambiente.

Sin embargo, seis meses antes que acudieran a Gary, el jefe de la junta de diáconos y otros dos diáconos le dijeron al pastor que pensaban que ya era hora de que se fuera. Él los escuchó con paciencia y les preguntó la razón.

«Porque no nos gusta la forma en que van las cosas. La gente nueva que está llegando no "encaja" en nuestra iglesia».

El joven pastor les trató de explicar la misión de la iglesia, pero ellos no estuvieron de acuerdo con su visión. Durante los seis meses que pasaron, estos tres diáconos presentaron esta situación ante toda la junta de diáconos y se les unió un diácono más. Los otros tres no estuvieron de acuerdo y apoyaron al pastor.

El presidente de la junta escribió cartas en las que le pedía a la iglesia que se reuniera para votar sobre si el pastor se debía marchar o no. La atmósfera en la familia de la iglesia se volvió tensa. ¿Qué puede hacer un pastor en un ambiente así?

Este pastor decidió renunciar, diciendo: «Considero que esta es la mejor opción, tanto para la iglesia como para mi familia. No estoy dispuesto a meter a mis hijos en medio de una pelea de iglesia». Gary sintió la necesidad que tenía en el corazón aquel pastor de mantener el bienestar de sus hijos y apoyó su decisión.

No hay una respuesta «adecuada» en esta clase de situaciones. Algunos pastores, cuando se enfrentan a un liderazgo tóxico, deciden renunciar. Cuando esto sucede, casi siempre la iglesia pierde sus miembros más nuevos y regresa a ser un pequeño grupo de gente que piensa de la misma manera y que causa muy poco impacto en su comunidad. Si el pastor decide quedarse, se enfrenta a una serie de batallas con la oposición que al final termina con que una de las dos partes se marcha. Con frecuencia, la iglesia pierde su influencia en la comunidad.

Un consejero llamado Iván no sintió ambivalencia alguna en cuanto a dejar la abusiva organización sin fines de lucro en la que trabajaba cuando comprendió al fin lo profunda de su disfunción. Formaba parte de la media docena de directores de programas para una agencia de servicio social, y aquí tienes la historia que nos contó.

Nuestra autocrática líder exigía una intensa lealtad, sin hacer preguntas, y ella era la única que tenía el poder de hacer cuanto le viniera en gana. Era intocable, y su actitud era la de pensar que la misión justificaba cuanto se hiciera. Daba por sentado lo peor de los empleados. Por ejemplo, cualquiera, aunque fuera uno de sus clientes, podía presentar una queja contra ti y, sin escuchar tu versión de las cosas, ella te acusaba en una reunión de grupo.

Se cubrían los problemas éticos. Cada uno de nuestros programas locales tenía una junta consultiva, pero teníamos prohibido hablar con ella. La organización estaba repleta de engaños.

Cuando contemplaba a mis colegas, me daba cuenta de que el ambiente los enfermaba de manera física y psicológica. Para trabajar allí, había que volverse disfuncional.

Para mí las cosas llegaron a su peor punto cuando se obligó a renunciar a un colega. Con el fin de no tener que pagar su desempleo, la líder le dijo al estado que él tuvo que renunciar por motivos personales. Era evidente que esto carecía de ética, y cuando los funcionarios me preguntaron a mí, les dije la verdad. Poco después, la líder me llamó a su oficina. Me hizo sentar y me dijo: «¿Te sientes feliz de trabajar aquí?».

En realidad, a mí me encantaba mi trabajo, pero no me agradaba la persona en la que me estaba convirtiendo. No me podía permitir el convertirme en alguien disfuncional, como tantos de mis compañeros de trabajo. Aunque tenía dos niños pequeños que mantener, comencé a escribir mi currículum vítae y seis meses más tarde encontré otra posición.

Dos semanas antes de marcharme, pedí ver mi archivo personal. La directora controlaba esos archivos, y solo me mostró parte de ellos. Sin embargo, una semana antes de marcharme, el asistente de la directora, al que respetaba y quien quería hacer lo adecuado, condujo durante noventa minutos en su auto hasta nuestra oficina local para darme un gran paquete donde estaban mis archivos completos. Allí descubrí que me estaban tendiendo una trampa para que cayera en una situación legal.

Al parecer, Iván se marchó justo a tiempo. Nosotros le preguntamos cómo se mantuvo en su sano juicio durante su tiempo allí, y él nos dijo que tuvo un buen sistema de apoyo en el personal local. Aun en las culturas disfuncionales, se pueden cultivar buenas relaciones. Nos dijo también que su iglesia lo apoyó y que se reunía con sus amigos a desayunar una vez a la semana.

Cuando navegamos por mares tormentosos, la conexión positiva con otras personas se vuelve algo esencial, y cuando es posible, pasar a un lugar saludable se convierte en la mayor prioridad.

ES ADECUADO QUE TERMINEMOS este capítulo como lo comenzamos, con nuestro apoyo hacia los numerosos ministerios fortalecedores con los que hemos estado asociados, y una breve ilustración, una de las muchas que podríamos darte aquí.

Wayne estaba en un ministerio que amaba, y haciendo la clase de trabajo que le encantaba. Sin embargo, después de un largo historial de éxitos y logros, en un tiempo muy breve se vio envuelto en una doble crisis personal. A su esposa le diagnosticaron un cáncer serio, y a su hijo adolescente lo hospitalizaron con una enfermedad mental.

Mientras iba pasando con dificultad de una crisis a otra, y trataba de semana en semana desenvolverse ante cada una de las demandas, Wayne supo que sus recursos internos se debilitaban. Todo se le venía abajo... hasta su trabajo. Al menos, así se sentía él, pues ese trabajo tenía que ver con el ministerio hacia los adolescentes, de manera que sentía que los problemas y el abuso de sustancias de su hijo lo descalificaban.

Un día, su jefe pasó a verlo y, como hacía años que se conocían, Wayne le confió su preocupación de que su aparente ineficiencia como padre le hicieran sentir que sus fracasos invalidaban su trabajo. Su jefe le respondió: «¡De ninguna manera!». Entonces, le hizo ver su excelente trabajo como empleado, diciéndole que los problemas de su hijo no anulaban en absoluto nada de aquello.

Wayne era un madrugador, al igual que el presidente de la organización, quien pasó por su oficina una mañana antes de que llegaran los demás. Le preguntó cómo iban las cosas por las que pasaba su familia, y le entregó un libro de inspiración que a él le fue útil en sus propios momentos difíciles.

Los encuentros con los líderes más altos de la organización lo ayudaron a seguir trabajando, actuando como padre y manteniéndose firme a lo largo de los tratamientos de cáncer de su esposa. Sus dos líderes solo se le acercaron como colegas que se preocupaban por él. Wayne sabía que la enfermedad de su hijo no anulaba su ministerio, pero el hecho de escuchar que su jefe lo afirmaba con toda energía, hizo que se calmara su ansiedad. El libro que le entregó el presidente se convirtió para él en un rico recurso durante los años siguientes.

Su esposa venció el cáncer, su hijo ahora tiene un trabajo y pronto se va a casar, y Wayne sigue haciendo el trabajo que le encanta.

Todos los que estamos en la fuerza laboral no solo trabajamos con nuestros colegas, sino que también vivimos con una mezcla de gozos y dificultades como el cáncer, los accidentes trágicos y los traumas de nuestros hijos. La vida es difícil, y todos llegamos remando a rápidos muy peligrosos. Cuando nuestros colegas se nos acercan y los valores que sostienen son los de la realidad natural, los ministerios se convierten en oasis «para el bien común».

ESTRATEGIAS DE SUPERVIVENCIA

MIRA A TRAVÉS DE LA NIEBLA. Eva, Tony e Iván son ejemplos perfectos de lo que es necesitar ver con claridad y actuar con prontitud. Muchas veces, los trabajadores tienen pocos puntos de referencia para captar lo que les sucede, y demasiado a menudo, las circunstancias les impiden defenderse. Busca claridad con respecto a lo que sucede en realidad, consulta con tus bases de apoyo y actúa pensándolo bien.

COMPARA LAS «MEJORES PRÁCTICAS». Si te estás preguntando si lo que sucede en tu lugar de trabajo es solo «una consecuencia lógica», observa lo que sucede en otras partes. Conéctate en una red para obtener una imagen de la química y la dinámica existentes en otras organizaciones similares.

PONTE FUERTE. La fortaleza mental y la espiritual van juntas. Profundiza tu compromiso con tus valores más esenciales y analiza en tu mente las formas concretas en que puedes tomar medidas positivas. Lee un libro como *Stress for Success* o *Toughness Training for Life*, de James Loehr.

LECCIONES DE LIDERAZGO

TRABAJAR EN UN LUGAR que ayuda a la gente, y escuchar todo lo que se dice acerca de las buenas obras que realiza la organización, embota nuestra capacidad para captar sus disfunciones. Pocos estudiantes se hallan preparados para lo que se pueden encontrar en su trabajo, pero los recursos se encuentran con facilidad. Por ejemplo, la publicación *Leadership* ha llevado sin cesar a los lugares dedicados al ministerio una gran cantidad de ideas e historias reales.

Nosotros nos fuimos a la página de *Leadership* en la web y vimos que su artículo principal se titulaba «Despedido». Se trata de la historia de un joven pastor llamado Nathan Kilgore, a quien no despidieron de su iglesia por conducta inadecuada ni por ineficiencia, sino debido a... su actitud.

Ahora, Nathan admite que no le gustaba el estilo de liderazgo del pastor principal y que su actitud era tóxica. Este es un caso donde el subordinado, y no su líder, es quien envenena el agua del pozo. Nathan dice: «Cavé mi propia tumba», y añade: «Por lo que veo, John Maxwell tiene razón. La actitud lo es todo».

También recuerda con tristeza que su madre escribió en una pared un cartel que decía: «Es mejor quedarse callado y que crean que uno es tonto, a hablar y que estén seguros de que lo es». Ahora se da cuenta de que su manera de pensar necesitaba una seria corrección en su rumbo.

Apenas lo despidieron, Nathan llamó por teléfono a un antiguo profesor suyo para contarle lo sucedido y se quedó sorprendido con su respuesta. Aquel hombre ya mayor le contestó:

—¡Eso es estupendo! —le contestó el anciano.

—¿Qué quiere decir con eso de que es estupendo? —le preguntó Nathan pasmado.

—Que eso da la impresión de que Dios se está preparando para hacer algo grande de verdad en tu vida.

Bueno, eso depende de lo que uno considere grande. Nathan terminó trabajando todo un año con un sueldo muy bajo, haciendo el agotador trabajo de cavar zanjas. Aprendió unas lecciones duras y fuertes, y una forma mucho más profunda de ver lo que son la vocación y las actitudes.

La lectura de estos relatos nos da numerosas maneras de considerar nuestras propias circunstancias. Algunas veces nos ayudan a darnos cuenta de lo que nosotros mismos hemos contribuido a la existencia de las discordias. Otras veces, nos ayudan a comprender que nos hemos metido en una cultura enfermiza que no podemos transformar y que necesitamos estudiar las estrategias de salida que usaron otros.

Y, por fortuna, algunas veces nos hacen sentir agradecidos por no estar pasando por todas esas traiciones, maldades diarias y humillaciones que, por lo que leemos, viven otros.

PREGUNTAS PARA COMENTAR

- *¿Crees que la toxicidad se manifiesta de maneras diferentes en una organización sin fines de lucro en contraste con un negocio? Si es así, ¿cómo?*

- *¿Tienes alguien en tu vida que te podría ayudar como mentor o consejero? ¿Qué pasos podrías dar para comenzar a reunirte con alguien?*

- *¿Ves ahora que una experiencia negativa del pasado en tu vida te proporcionó una oportunidad para crecer y aprender lecciones valiosas? Si es así, ¿qué aprendiste?*

«No te hace falta estar loco para trabajar aquí.
Nosotros te preparamos».

Cartel visto en una florería

«A los que valoran las palabras de afirmación,
las críticas les sientan como una puñalada
en el corazón».

Paul White

«Hacen falta tiempo y una decisión consciente
para escuchar».

Gary Chapman

CAPÍTULO CINCO

PEQUEÑOS ASESINATOS EN MARCHA

CUANDO LAS PALABRAS CORTAN COMO CUCHILLOS Y EL RENCOR DESTROZA LA PAZ

EL CRÍTICO DE CINE ROGER Ebert, evaluando la película *Little Murders* [Pequeños asesinatos] lanzada en 1971, concluyó: «Es una clase de película muy de Nueva York: paranoica, masoquista e inquietante. Me dejó con un nudo en el estómago, un vago temor de que había algo que estaba a punto de alcanzarme».

A veces el trabajo puede ser así, con intenciones asesinas, miradas encubiertas y susurros en los rincones. Las palabras cortan. Los rechazos hieren. En los lugares de trabajo, la frase «pequeños asesinatos» trae a la mente la lenta destrucción del alma y del espíritu.

Por supuesto, no existen los asesinatos *pequeños*.

Henri Nouwen, ya fallecido, observó en una ocasión: «La comunidad es el lugar donde siempre vive la persona con la que menos quieres vivir». Lo mismo se puede decir del trabajo.

Desde breves escaramuzas hasta interminables *vendettas*, los conflictos en los lugares de trabajo pueden destruir las organizaciones, y envenenar los corazones y las almas de los líderes y de los que dirigen. Algunas veces, las hostilidades estallan a partir de una sola crítica injusta o de un malentendido que se convierten en fuegos destructores. Después de un incidente doloroso, algunas veces es posible hallar una forma de apagar esas llamas.

Eso lo descubrió Amelia. Ingeniera con cerca de veinticinco años de edad que diseña componentes de computadoras en una gran compañía, es la más joven de las ocho personas que forman su equipo. Todos sus compañeros son casados con hijos o en relaciones a largo plazo, así que ella no siente que tenga mucho en común con ellos. Le agrada y respeta a Carson, su jefe que tiene casi cincuenta años. Consideró a la otra mujer de su equipo, Nancy, como mentora y tenía una relación positiva con ella... hasta que se produjo un desconcertante acontecimiento.

> Me llamaron a una reunión con Carson, Nancy y otro compañero del equipo. Después de unas cuantas observaciones a modo de introducción, Carson se lanzó a un monólogo de veinte minutos en el que criticaba mi trabajo. Me quedé atónita. No tenía la menor idea de que fuera a suceder algo así. Nunca nadie había expresado preocupación alguna con respecto a mi trabajo. Carson me reprendía por aceptar demasiado trabajo y no cumplir con los plazos. Me sermoneó sobre la necesidad de fijar límites y de terminar a tiempo mis trabajos.
>
> ¿Cómo era posible que sucediera esto en una reunión de grupo? Nancy y mi otro compañero de trabajo se quedaron callados. Yo me sentí herida y avergonzada.
>
> Esa noche le envié un correo electrónico a Carson y le pedí un tiempo para hablar con él al día siguiente. Después me pasé la noche investigando mis trabajos y solo pude encontrar dos ocasiones en las que no cumplí con los plazos... y esos fueron seis meses antes.

Amelia se sintió aliviada al enterarse por Carson que sus preocupaciones eran en realidad de Nancy, quien le dijo que no sabía cómo expresárselas a Amelia. Le pidió disculpas por su manera inapropiada de comunicarse, y le indicó su satisfacción con la ética de trabajo de ella y sus contribuciones al equipo.

Por fortuna para Amelia, su jefe la escuchó y le dio una satisfacción. No obstante, él no estuvo a la altura de los principios básicos de varias formas: Aceptó la comunicación indirecta a través de él entre Nancy y Amelia, nunca verificó la información de Nancy, se le enfrentó delante de los miembros del equipo, y en lugar de una investigación cuidadosa, le lanzó un monólogo cargado de emociones que Amelia sintió como un ataque personal.

Para mérito suyo, Amelia no se limitó a encogerse y lamer sus heridas, sino que pidió una reunión y analizó a fondo los datos.

¿Y qué sucedió con las preocupaciones de Nancy? Amelia tiene planes de acercársele, diciéndole que se siente confundida y quiere establecer una comunicación directa. Además, va a documentar y comunicar a su equipo los proyectos en los que está trabajando, y el progreso que va haciendo, y le va a preguntar a Carson cómo prefiere mantenerse al corriente de su trabajo y de su progreso. También tiene planes de dejar de decir «Puedo hacerlo» cada vez que se le pida algo.

Así que aquí tenemos una ilustración donde unas acciones sabias evaden algo que se habría podido convertir en una enemistad llena de traición. Sin embargo, hizo falta que hubiera un jefe comprensivo, dispuesto a admitir su error, y en realidad, no todos los jefes son así.

Un contador público llamado Eugene trabajó para un personaje que nunca estuvo dispuesto a admitir sus errores, y todo el que le señalara uno o solo no estuviera de acuerdo con él, no duraba mucho en el trabajo. Aquí tienes cómo describió a su voluble jefe:

> Era un empresario exitoso que había ido contra la sabiduría corriente y levantado un floreciente negocio. Por las mañanas llegaba con cuatrocientas ideas, pero en la tarde solo le quedaba una. Te decía una cosa y más tarde invertía por completo sus instrucciones. Uno nunca podía tomar sus propias decisiones.
>
> En una ocasión, nos habló durante veinte minutos acerca de darles un estupendo servicio a los clientes, y dos días más

tarde se enojó porque gastamos cincuenta dólares en mantener contento a un cliente. Ponía alguien a cargo de sus tres tiendas, pero ninguno podía satisfacerlo y los despedía.

Eso me sucedió a mí. Me asignó la responsabilidad de sus tiendas, y eso duró tres meses porque en una reunión no estuve de acuerdo con él. «Eso es tener poca visión de futuro», le dije. «Le hace falta ver el cuadro general».

Él no discutió, pero una hora más tarde me dijo que yo debía volver a trabajar como contador público, que debía abrir mi propia firma y que él sería mi cliente.

Le pregunté: «¿Cuánto tiempo me queda aquí?».

Estalló. «¡Yo no te dije que te iba a despedir!».

Quince minutos más tarde, volvió y me dijo: «Tienes dos semanas».

Hay toda clase de jefes, de todas las procedencias, personalidades y métodos, y algunas veces la adaptación amplía los límites de una persona. Los motivadores nos dicen: «Florece en medio del cambio», pero a menudo el cambio es traumático y no se parece en nada a una receta para florecer. Por ejemplo, los choques entre dos líderes fuertes pueden presentar algunas decisiones difíciles, como en la historia que sigue:

Ross era un líder creativo y exitoso en una compañía envasadora al nordeste del país. Durante los doce años anteriores, logró hacer crecer su división con ganancias, pero unos déficits que pasaron inadvertidos en otras divisiones salieron de repente a la luz y la compañía misma quedó repleta de deudas. En respuesta, se contrató a un «cocodrilo». Ross sabía que era el nuevo vicepresidente porque las primeras preguntas que hizo se centraban en saber de cuáles empleados se podría prescindir.

Al poco tiempo, el nuevo jefe le informó a Ross que se reduciría el personal en toda la compañía, y eso incluía su división. Sin embargo, los empleados de Ross estaban haciendo florecer su división y contribuía con elevadas cantidades de ganancia. Años antes, él los había contratado y preparado hasta convertirlos en un equipo eficiente en el punto máximo de su productividad.

El cocodrilo insistió en que para ser justos, se tendrían que hacer recortes de personal en toda la organización.

Una tarde, Ross le preguntó: «¿Cuánta ganancia necesita usted que produzca mi división? ¿Por qué despedir a los empleados cuando están generando ingresos? Déme una cifra. Dígamela, y yo se la voy a entregar».

El cocodrilo le informó que no era así como funcionaban las cosas.

«El hombre era un controlador, un tipo bajito dentro de un traje caro, decidido a amenazarte».

La última persona que contrató Ross era un hombre mayor de edad que acababa de dejar un trabajo seguro para unirse a ellos. Forzado a despedirlo, Ross apenas pudo dormir. Sus problemas iban mucho más allá de las reducciones de personal. He aquí la forma en que describió a su jefe:

El hombre era un controlador, un tipo bajito dentro de un traje caro, decidido a amenazarte de cerca. En lugar de liberar a los miembros del personal para que florecieran, los veía como piezas de su tablero de ajedrez. Te sonreía, con un duro ladrillo debajo de su guante de terciopelo. No había un dar y recibir, como yo siempre tenía con mis jefes anteriores.

Le escribí un largo memorándum explicándole en detalles mi preocupación. Me respondió tranquilamente que si me sentía de esa forma, me debía marchar.

Eso me horrorizó, no solo por mí, sino por todos en la compañía. Él estaba decidido a terminar su juego de ajedrez, ciego a sabiendas de la realidad de que mi salida causaría un éxodo de nuestra mejor gente, además de una inmensa pérdida de dinero y motivación. Su manera de pensar me recordaba la estrategia de defensa seguida en la guerra de Vietnam:

«Tuvimos que destruir la aldea para poderla salvar».

Solo que yo no me podía someter a aquel personaje. Violaba todos mis principios sobre la manera de guiar a la gente que contaba conmigo.

Una noche tuve un sueño. Estaba en un tren con mis colegas cuando al tren lo atacaron unos terroristas. Mi nuevo jefe era su líder, y llegó hasta donde estaba yo. Lo agarré por el brazo, se lo torcí, lo empujé por el hombro y lo tiré al suelo. Entonces, levanté el puño para romperle el codo... pero me desperté, con el corazón que se me quería salir del pecho.

Nunca antes había tenido un sueño con un significado tan claro. Yo le podía romper el brazo a mi jefe, puesto que tenía una gran cantidad de acciones en la compañía. Podía luchar para que lo despidieran, atacándolo a él y atacando sus estrategias con mi equipo y mis aliados. Yo sabía usar un ladrillo tan bien como él. Aun así, la alfombra se iba a llenar de sangre.

Ross decidió marcharse sin hacer guerra. Muy pronto, lo emplearon como jefe ejecutivo en otra compañía de la misma industria, y siguió adelante creando nuevos equipos excelentes. Muchos de sus colegas se marcharon y prosperaron en otros lugares, pero la compañía sufrió pérdidas de importancia a causa de su salida.

¿Por qué Ross no «peleó la buena batalla» para poder seguir guiando a su equipo y ayudar a su compañía a mantenerse fiel a sus valores? Nos dijo: «Créanme que sentí la tentación de hacerlo. En cambio, decidí que justo se trataba de eso: una tentación. Me estaba sintiendo atraído por una loca mezcla de ira, desesperación e ideas vengativas sobre la manera de ponerlo al descubierto a él, y con ellos a varios miembros de la junta que solo se sentían estúpidos ante aquel tipo. Necesité mucho tiempo y mucha oración para ver todas las consecuencias que traerían consigo mis acciones, de una u otra forma. Eso me hizo crecer, ser más profundo y estar mejor preparado para los nuevos desafíos que resultaron ser inmensos y maravillosos».

Algunas veces, lleno de una «justa indignación», uno decide enderezar un entuerto, y otras veces nos limitamos a marcharnos.

¿**A**SESINATO? MUCHOS empleados que trabajan bajo un jefe incapaz de valorarlos, tal vez se sientan con ganas de cometerlo.

Susan, educadora en una gran universidad, coordinó durante trece años los servicios para los estudiantes con discapacidades. Estaba altamente calificada, servía en los comités que buscaban nuevos directores y tenía la responsabilidad de gran parte de la preparación. Al estudiar y trabajar duro, se había ganado las credenciales académicas necesarias para un ascenso. La cuarta vez que estuvo disponible un puesto de director, rechazó la invitación para servir en el comité de búsqueda y le dijo a su jefe que tenía la intención de solicitar ese puesto.

Por razones que solo él conocía, su jefe le respondió: «No lo vas a conseguir».

Susan nos dijo: «Yo sabía que él tenía la última palabra y que mi destino ya estaba sellado. Me sentí aplastada».

En lugar de amargarse, mantuvo su impulso. «Comencé a aceptar la posibilidad de explorar otros puestos. No permití que aquel episodio envenenara mi servicio ni mi actitud. Eso habría producido un ambiente tóxico para todo el mundo».

¡Tenía toda la razón! Susan era tan sabia como para ver que si reaccionaba con ira y lanzaba acusaciones, afectaría a todo el departamento y hasta más allá del mismo. Y debe haber sido tentador en especial decir algo cuando la persona escogida para el trabajo llegó a su oficina, la miró con fijeza y le dijo: «Susan, tú deberías ser la que hiciera este trabajo y todos lo sabemos. Eres la persona perfecta para este puesto».

Ella no permitió que el comentario de su jefe le facilitara municiones para vengarse de él. No permitió que la injusticia hirviera en su interior. En su lugar, le comunicó al nuevo director que agradecía sus palabras y que lo apoyaría al cien por cien. «Le dije que lo ayudaría a familiarizarse con su nueva responsabilidad. También le dije que, como el vicepresidente le había puesto un límite a mi posibilidad de ir ascendiendo, estaba buscando otras posiciones».

La búsqueda de trabajo de Susan no resultó en que la contrataran en un entorno académico, sino en uno corporativo. Ahora nos dice: «Estoy muy ENCANTADA con mi nuevo puesto».

Hemos llegado a la conclusión de que seguir adelante tratando de progresar cuando recibimos un golpe suele ser mejor que tratar de deshacer una injusticia o insistir en nuestros derechos, aunque sean válidos por completo.

En una universidad al este del país, un joven profesor hizo una gran investigación sobre un tema junto con el jefe de su departamento. Sin embargo, tuvo la desagradable sorpresa de que su superior anunció que iba a publicar un libro utilizando el material que ambos desarrollaron juntos, pero sin atribuirle crédito alguno a él.

Que su colega superior hiciera algo así, le parecía una atrocidad, y fue para él un golpe devastador. Sintió que debía actuar con toda fuerza.

Con sabiduría, el joven profesor le pidió a un mentor que almorzara con él y estuvieron estudiando lo que debía hacer. Aunque el otro profesor había violado la decencia común y en un ambiente de «publicar o perecer» había actuado de manera injusta, ambos estuvieron de acuerdo en que esa situación se podría considerar como ambigua. El joven profesor tenía derecho al debido reconocimiento de su labor, pero exigirlo crearía oleadas de disonancia, no solo entre los profesores, sino también en el departamento y entre los estudiantes. Por eso acordaron que el mejor plan consistía en no insistir en ese caso, sino en seguir adelante con otros proyectos.

El joven profesor siguió adelante, escribió numerosos libros y recibió un importante reconocimiento por su sobresaliente forma de enseñar y de mostrar su erudición.

Algunas veces es posible que sean necesarios los enfrentamientos. No obstante, en otros momentos, la dinámica de hoy en los lugares de trabajo podría crear un aumento de malentendidos hasta convertirlos en importantes desavenencias. Por ejemplo, todos sabemos que los correos electrónicos son mejores para comunicar información, pero sin matices. Las guerras de correos electrónicos estallan con facilidad. Un supervisor de una compañía pequeña criticó un correo de una empleada que trabajaba directamente bajo sus órdenes, la cual le contestó de inmediato que actuaba de manera injusta. Él le respondió también de inmediato que solo le daba los datos para su propio bien, y ella le contestó con una airada respuesta. La guerra llegó en seguida al conocimiento de todos, e hicieron falta varias reuniones personales entre ellos para calmar las aguas y hacer que ambos volvieran a la normalidad en su trabajo.

CUANDO CHOCAN LAS CULTURAS, los conflictos de los lugares de trabajo se intensifican con rapidez. La globalización significa que entidades dispares a menudo tengan que engranarse: corporaciones y gobiernos, universidades y abastecedores, fabricantes de una nación y encargados de mercadeo en otra. Por ejemplo, las compañías suecas que adquieren negocios estadounidenses y estadounidenses que adquieren compañías suecas se han tropezado con situaciones muy delicadas procedentes de las diferencias en cuanto a los patrones culturales de trabajo. Aunque las dos naciones puedan parecer similares, el fuerte acento que se pone en Suecia en el liderazgo por medio de equipos y el acento de Estados Unidos en el liderazgo individual crean muchísimos malentendidos.

Tales choques son comunes, desde a gran escala del comercio internacional hasta las empresas locales. Sin embargo, como lo demuestra la historia de Jackson, no tienen por qué «hundir» a la organización. Jackson, recién graduado de la universidad, comenzó a trabajar en un barco dedicado a la observación de las ballenas en Maine, y se encontró en medio de las tensiones entre el capitán que vivía en el mar y los investigadores académicos. Procedían de mundos diferentes, y tenían intereses y puntos de vista muy diversos. Los investigadores eran los que habían contratado al capitán, quien no valoraba su presencia, aunque le agradaba la credibilidad que aportaban.

«Solo se nos pagaba por cada viaje, igual que se hacía con el capitán», nos dijo Jackson, «de manera que las tormentas y el mal tiempo significaban que no recibíamos nada. A veces, el capitán era rudo y descargaba en nosotros sus frustraciones. Nosotros nunca sabíamos si estaba de humor o no, y cuando estaba de mal humor, algunos de los investigadores que iban a bordo se ponían en seguida en plan pendenciero. Aun así, casi todos se limitaban a soportar su rudeza. Se imaginaban que al día siguiente ya estaría tranquilo, como solía suceder. Esa estrategia me daba buenos resultados. Bajaba la cabeza, disfrutaba viendo las ballenas jorobadas y me daba cuenta de que en aquel barco todo el mundo tenía sus prioridades, problemas y peculiaridades».

¡Exacto! Darnos cuenta de nuestras diferencias y «peculiaridades» es un paso inmenso hacia el apaciguamiento de los conflictos.

La mayoría de nosotros es consciente de los diversos recursos que nos ayudan a comprendernos a nosotros mismos y a los demás, desde el test de personalidad de Myers–Briggs hasta el eneagrama de la personalidad y los libros de Psicología y de Antropología. ¡Cuántas diferencias existen entre nosotros! Algunas veces es difícil celebrarlas, pero otras tenemos que sonreír y soportarlas, aunque en otras nos veamos forzados a tomar decisiones duras.

ESTRATEGIAS DE SUPERVIVENCIA

CREA TU PROPIA AGENDA. No permitas que alguien que te esté tratando de aplastar, o que sea enloquecedoramente malvado, determine cuáles son tus responsabilidades. Niégate a añadirle veneno al veneno. Como Amelia, Ross y el joven profesor, decide lo que será mejor para ti a largo plazo y ata tus emociones a tus planes positivos.

AYUDA A LOS HERIDOS. Si te están atravesando unos cuchillos verbales, piensa que es posible que otros también estén sangrando. Acércate a ellos con un rayo de esperanza o con un buen consejo que los podría ayudar y que al mismo tiempo puede levantar tu propio espíritu.

DERRAMA ACEITE SOBRE AGUAS TURBULENTAS. La contaminación de las actitudes es algo contagioso, pero también lo es el espíritu positivo. ¿Son cosas comunes y corrientes el sarcasmo y la difamación? Contarréstalos con la gratitud y el aprecio de todas las formas que puedas. Es de esperar que logres encontrar otras personas que tengan una mente y un espíritu semejantes a los tuyos, que te puedan ayudar a desactivar esos mortales explosivos.

ACELERA TUS MAQUINARIAS. Medita en este consejo de Henry Ford: «Cuando todo parezca ir en tu contra, recuerda que el avión despega yendo contra el viento, no a favor de él».

LECCIONES DE LIDERAZGO

LAS HUMILLACIONES y las exigencias debilitantes hacen que algunos se acobarden al aconsejarles que prosperen en el cambio. Las palabras son capaces de poner los nervios de punta como las uñas en una pizarra. «¡Sí, claro! Intenta todo eso en este lugar que enferma el alma».

No obstante, hay un notable legado en la práctica de escoger nuestra actitud a pesar de hallarnos en circunstancias extremas. El psiquiatra austriaco Viktor Frankl, prisionero en un campo de exterminación nazi, llegó a esta conclusión a pesar de los horrores y de las terribles humillaciones: «Las fuerzas que se hallan fuera de tu control te pueden arrebatar todo lo que posees excepto una cosa: tu libertad para elegir de qué manera vas a reaccionar». Consideraba el hecho de que los hombres valientes que había en los campos de concentración «consolaran a los demás y les entregaran hasta su último pedazo de pan» como prueba de que en cualquier circunstancia, siempre podemos escoger nuestras propias actitudes.

Mientras que la gratitud es la emoción más saludable de todas, la amargura y la rabia nos hacen pedazos. Así resulta que la amonestación de que tengamos «una actitud de gratitud» va mucho más allá de un amoroso consejo maternal. Hay montones de libros y artículos recientes que nos dicen que las personas que se sienten agradecidas en su vida diaria tienen mayores probabilidades de entenderse bien con los demás, dormir mejor, deprimirse menos y, en general, tener una mejor salud física. También tienen mayores logros y más amigos, y evitan la depresión.

PREGUNTAS PARA COMENTAR

- *¿Qué te hiere más: un comentario negativo o un mensaje indirecto enviado con sarcasmo?*

- *Cuando un colega te dice algo ofensivo o malévolo, ¿cómo lidias con eso y evitas aumentar el ambiente negativo?*

- *¿Bajo qué condiciones te parece que lo mejor es no enfrentarte a un colega y «pelear por tus derechos»?*

«Resistirse al cambio en el siglo veintiuno es algo tan inútil como desear que no hubiera impuestos».

Paul White

«Cuando acabas de cambiar, estás acabado».

Bruce Barton

«No busques faltas. Busca remedios».

Henry Ford

CAPÍTULO SEIS

CONEJOS EN LA AUTOPISTA

CÓMO HALLAR SALUD Y CAPACIDAD EN MEDIO DE TODO EL RUIDO Y LOS HUMOS

EN MUCHAS ORGANIZACIONES se da por sentado que el estrés debe ser alto. Por ejemplo, un gerente de una compañía de comunicaciones nos dijo: «Cuando leí en una revista lo que les pasó a unos conejos en una autopista, solo miré con fijeza a la pared. Pensé: ¡Eso es justo lo que me sucede a mí!».

El gerente encontró por casualidad un artículo acerca de unos investigadores que se preguntaban qué sucedería si soltaban parejas de conejos para que vivieran en la hierba que hay entre los carriles de una autopista de Los Ángeles. Aunque los conejos estarían bastante seguros con cercas, estarían expuestos a los sonidos y los humos constantes de los autos y los camiones que pasaban. El experimento fue un desastre para los conejos. La vida en la autopista les provocó toda clase de cosas a sus cerebros y a sus sistemas nerviosos. No podían prosperar, y sus pequeños morían.

El estudio dio un resultado obvio: es difícil prosperar en medio de los humos y los ruidos modernos.

«La mayoría de los días me siento como esos conejos», nos dijo el gerente. «Nunca tengo tiempo libre, y la presión de tener que hacerlo todo jamás se detiene».

Hemos encontrado muchos trabajadores en todos los niveles que se sienten como los conejos en la autopista.

En un seminario dirigido por nuestro coautor Paul White, varios representantes de servicios al cliente para una agencia de seguros describieron lo que les sucede cuando a los negocios que aseguran los azotan grandes tormentas. En el minuto en que abren sus oficinas, los comienzan a llamar los clientes desesperados por conseguir ayuda inmediata. Sus dañados negocios están paralizados y no pueden darse el lujo de esperar a que llegue el dinero para volver a entrar en acción. Los representantes se sienten abrumados por la urgencia y el volumen de las reclamaciones.

En casi todos los campos, los representantes del servicio al cliente tratan a diario con clientes enojados, pedidos equivocados y presiones constantes para permanecer calmados y profesionales. El estrés es general. Las presiones para «hacer más con menos» y para «llevar las cosas con orden y disciplina» podrán incrementar la productividad, pero muchas veces lo logran a un alto precio para los que se encuentran en primera línea. En las organizaciones donde se redujo personal, los que quedan tienen que soportar el estrés de encargarse del trabajo de otros y de temer por su propio puesto de trabajo.

Un escritor de temas técnicos llamado Philip trabajó durante ocho años en medio de una oleada de despidos, preguntándose con ansiedad si él sería el próximo. Los empleados identificados para despedirlos recibían a las seis de la mañana un mensaje para que acudieran a una reunión en la sala de conferencias. Philip nos dijo: «Saber lo que podría haber en mi buzón cualquier mañana me parecía como esperar que la policía secreta me tocara a la puerta. Podía llegar en cualquier momento».

Muchos empleados viven con esa ansiedad.

Al final, Philip recibió ese aviso en su buzón, acudió a una de esas reuniones y lo despidieron. Por fortuna, le dieron cinco meses para que encontrara un nuevo empleo y logró encontrarlo, aunque en un campo diferente donde necesitaba nuevas habilidades. Ahora se siente bastante seguro en cuanto a un posible despido, pero afirma en seguida que en el mundo laboral de la actualidad no existe una seguridad real.

¿Cómo manejó Philip esos ocho años de preocupación en espera de que «la policía secreta le tocara a la puerta» en cualquier momento? «Lo que más me ayudó fue leer *Executive Blues*, de G.J. Meyer. Vi cómo otros pasan por cosas locas de verdad y reconocí que tengo que manejar toda esa locura tomándola de día en día».

¿Limitarse a manejar la locura? ¿Enfrentarse al estrés y a unas exigencias casi imposibles? ¡Es más fácil decirlo que hacerlo! Sin embargo, tanto si las culturas de trabajo son tóxicas, como si son maravillosas, manejar el estrés y la ansiedad es algo que casi siempre viene con el trabajo mismo.

Un gerente llamado Jared dirigía un pequeño equipo en un periódico local del sur, y en el año 2009 se enfrentó de repente a unos cambios drásticos que trajeron consigo una gran cantidad de estrés y ansiedad. Aquí tienes lo que nos dijo:

Cuando la economía se vino abajo, me encontré impedido de hacer el trabajo que tanto amé durante casi veinticinco años. Establecía la visión para mi departamento, y lo guiaba con seguridad y pasión. Habíamos ganado numerosos premios por nuestro fuerte y creativo trabajo, pero todo eso cambió. A mí no me despidieron, pero fue muy doloroso ver cómo se veían obligadas a marcharse unas personas a las que estimaba tanto.

Mis responsabilidades cambiaron de forma drástica, y me han ido pasando de una oficina a otra hasta dejarme sintiéndome como un nómada de oficinas. Dirijo a un par de empleados, pero ellos son más jóvenes que yo y conocen mejor la tecnología actual, y no siempre estoy seguro sobre la forma en que los debo guiar. Estoy como un pez fuera del agua o un gerente muy lejos de su elemento.

«¡Podría perder mi trabajo mañana mismo! Sin él, no tengo manera de sobrevivir. Puedo decir sin exagerar que me siento muy estresado gran parte del tiempo».

Por encima de eso están todas las presiones económicas, porque esperan de mí «ideas novedosas» que ayuden a la compañía a volver a tener efectivos en sus cuentas bancarias. ¡Podría perder mi trabajo mañana mismo! Sin él, no tengo manera de sobrevivir. Puedo decir sin exagerar que me siento muy estresado gran parte del tiempo.

¿Cómo logra Jared sobrevivir un día tras otro? Además del apoyo que siente en su iglesia, ha estado leyendo de nuevo el libro *Walden*, de Thoreau, y todos los días antes de comenzar el trabajo estudia libros de oración en una cafetería. También actúa con deliberación en cuanto a hablar consigo mismo de una manera positiva. Se dice que viene de una familia de gente resistente, que sabe trabajar duro y hacerle frente a cuanto aparezca. Recuerda a su padre que sobrevivió a unos trabajos mucho más difíciles.

Siendo aún niño, Jared fue en una ocasión a la fábrica donde trabajaba su padre. Mientras caminaba a la luz de una bombilla desnuda, veía girar las ruedas de bruñir. Así fue que su padre perdió un ojo por un pedazo de metal que salió volando de un cepillo que giraba. El trabajo de su padre dañó su salud, pero él sobrevivió, y más tarde en la vida halló un trabajo donde lo trataban bien.

Jared se dice a sí mismo una y otra vez que va a aceptar lo que venga y hacer su mejor esfuerzo ante todos los desafíos que se le presenten.

EL NEGOCIANTE FRED SMITH, DE DALLAS, habló y escribió mucho acerca del liderazgo y el lugar de trabajo, y uno de sus temas fue el de manejar con eficacia el estrés. Le gustaba citar a Hans Selye, uno de los primeros que investigara el estrés y que escribiera el libro *The Stress of Life*, donde insistía, como lo hacen muchos hoy, que el estrés puede debilitar, pero que también puede generar energía y productividad. El estrés forma parte de la vida, y nosotros estamos hechos para enfrentarnos a él en un ritmo de esfuerzo y recuperación.

Las emociones fortalecedoras nos proporcionan poder para permanecer, pero la venganza, la menos saludable de todas, debilita. Fred exhortaba a controlar el enojo y los deseos de vengarse, diciendo: «¡Amárralos con una correa! No permitas que el rencor de ayer se infecte durante la noche». Se esforzaba por no permitir que esto le sucediera a él mismo. Al despertarse, tenía un conjunto de cuatro ejercicios mentales positivos con los que comenzaba el día, y entre ellos estaba la gratitud.

Después de una notable vida en el mundo de los negocios, Fred siguió aconsejando y sirviendo de mentor, incluso después de pasados los ochenta años cuando sus riñones comenzaron a fallar. Aunque postrado en cama, un par de docenas de líderes de Dallas se reunían los sábados alrededor de su lecho en busca de sus ideas y consejos. A estas reuniones las llamaban «Fred en la cama». En lugar de tenerles miedo a las tres veces por semana en que recibía diálisis, invitaba a alguien para que fuera a acompañarlo al hospital para sostener una animada charla mientras le hacían el procedimiento. A estos momentos los llamaba «La universidad de la diálisis».

Fred ya falleció, pero puedes visitar la página activa aún que se llama breakfastwithfred.com, donde encontrarás una gran cantidad de consejos llenos de vida. Por ejemplo, cuando te sientas como un conejo en la autopista, tal vez quieras pensar en la forma en que él se enfrentaba al estrés y a la ansiedad. Su consejo era vivir en «compartimentos de un solo día», una excelente imagen mental en la que captaba un consejo que se dijo hace mucho tiempo. Al fin y al cabo, Jesús mismo dijo: «No se angustien por el mañana, el cual tendrá sus propios afanes. Cada día tiene ya sus problemas»*.

Michael Lee Stallard, presidente de *E Pluribus Partners*, encontraba un notable alivio del estrés mediante el «poder protector de la conexión», sobre todo cuando a su esposa Katie le diagnosticaron un cáncer de ovarios avanzado. Sus hijas tenían doce y diez años de edad, y la idea de que perdieran a su maravillosa madre lo hacía sentir ansioso y estresado. No obstante, familiares y amigos les llevaban a menudo comida, aliento y gozo a su hogar. «Sentirnos conectados a nuestra familia, nuestros amigos y al Señor nos levantaba el espíritu». Michael dice: «Aunque el estrés que sentía me habría podido inmovilizar, nuestras conexiones me protegieron. Este año celebramos el décimo año que pasa Katie en remisión de su cáncer».

Michael es el principal autor de *Fired Up or Burned Out: How to Reignite Your Team's Passion, Creativity, and Productivity.* «Hoy en día», dice, «preparo líderes sobre cómo conectarse y crear culturas de conexión. Les aconsejo que no se preocupen solos. Les enseño a conectarse de manera deliberada con los demás al conocer las historias de las personas y sus lenguajes de agradecimiento en los lugares de trabajo, haciéndoles a sus compañeros unas preguntas que no tengan relación con el trabajo y buscando los intereses que tengan en común, y recordando los pequeños gestos como el de hacer contacto visual o el de llamarlos por su nombre de pila. Solo conéctense, les digo, y experimentarán mayor productividad, bienestar y gozo de vivir».

A VECES, HAY COLEGAS ENLOQUECEDORES que generan más estrés que la falta de tiempo o el volumen de trabajo. Una gerente llamada Bethany sentía un estrés continuo de la principal miembro de su equipo que le ponía delante su propio trabajo, resultando semanas de sesenta horas de trabajo sin paga por tiempo extra y muy poco tiempo con su joven familia. Lo irritante era lo innecesario que era todo eso: la mujer de más edad cambiaba los procesos, no comunicaba detalles que eran clave y creaba tareas innecesarias para que Bethany terminara trabajando diez horas diarias con el fin de lograr hacer un trabajo real equivalente a cuatro horas.

Aquí tienes cómo describe a su grupo de trabajo:

> Es hostil porque la «gerente principal» quiere las cosas a
> su manera bajo amenaza de despedirnos. Mete la mano en
> todas las cosas, a fin de atribuirse todo el mérito. Yo me esfuerzo
> más allá de lo que me corresponde, pero ella me dice una y

otra vez que no estoy haciendo mi trabajo y se lo comunica a los demás. En seguida señala los errores de poca importancia y, sin necesidad de hacerlo, vuelve a hacer mi trabajo... ¡y se queja de tener que hacerlo! Siempre está criticando. Nuestro departamento tomó el curso de los Cinco Lenguajes del Agradecimiento, pero ella considera que no sirve para nada.

Fuera de nuestro grupo de trabajo, ella no es así. Bromea con la gente por teléfono, sale a tomarse una cerveza y siempre es una persona agradable. Con nosotros, es tajante, tiene unas expectativas inalcanzables y controla de forma excesiva hasta el más mínimo detalle. Es una trabajoadicta: aquí trabaja sesenta horas a la semana y también es vicegerente en una tienda.

Yo era gerente en mi empleo anterior y jamás traté a mis compañeros de trabajo como si estuvieran por debajo de mí. Nunca me han tratado de una manera tan injusta ni tan irrespetuosa, y he estado pensando en cambiar de departamento o solo renunciar.

De seguro que Bethany necesita hacer algo. Cualquiera que sea el curso de acción que tome, lo más probable es que siga sintiendo el estrés. ¡Y acaso no lo sentimos todos en esta época!

Nuestro coautor Gary Chapman recuerda la experiencia de un amigo suyo llamado Nate que durante sus quince años en una fábrica sintió poco estrés. Disfrutaba de su trabajo y le agradaba la gente con la que trabajaba. Entonces, cuando la economía se desplomó y la compañía redujo el número de empleados, Nate detestó ver cómo despedían a algunos de sus compañeros de trabajo, pero lo comprendió. La producción había disminuido y al menos se alegraba de haber conservado su puesto de trabajo.

«Sentí que no me agradecían en absoluto todos los años que le había entregado a la compañía. Así que renuncié, a pesar de no tener ningún lugar donde ir».

Sin embargo, al cabo de año y medio, la compañía consiguió un gran contrato con el gobierno. Aumentó de nuevo la cantidad de trabajo, pero no se contrataron nuevos empleados, lo cual significó más trabajo para los que sobrevivieron a los despidos. Aquí tienes lo que Nate le dijo a Gary:

> Aquello se volvió insoportable. Cada día sentía miedo de ir a trabajar. El nivel de estrés era alto, los empleados se quejaban, pero la gerencia no los quería escuchar. Nos decían que no estábamos alcanzando nuestro potencial. No sé qué pensaban que yo era capaz de hacer, pero sí sabía que ya no podía hacer nada más. Amenacé con renunciar y mi supervisor se limitó a decirme: «Tú decides».
>
> No pude creer que se comportara de una manera tan insensible. No tenía corazón. Sentí que no me agradecían en absoluto todos los años que yo le había entregado a la compañía. Así que renuncié, a pesar de no tener ningún lugar donde ir. Mi esposa se enojó, pero yo no lo podía seguir soportando. Si hubieran expresado algún interés por mí, habría estado dispuesto a tratar de llegar a un arreglo, pero cuando vi que no me agradecían nada, para mí esa fue la última gota que desbordó el vaso.

Al cabo de tres meses, Nate consiguió otro trabajo. Ahora le dice a Gary que está muy feliz en su nuevo ambiente.

ESTRATEGIAS DE SUPERVIVENCIA

COMPRENDE LA NATURALEZA DEL ESTRÉS. Experimentamos estrés cuando lo que se nos exige es mayor que los recursos que necesitamos para realizarlo. Aun así, nuestra percepción personal puede aumentar nuestro estrés. Tenemos que aprender a manejar nuestras expectativas.

CREA HÁBITOS QUE FORTALEZCAN. Un hombre de unos setenta y cinco años que había creado una gran corporación multimillonaria nos sorprendió con su franqueza acerca de sus rutinas personales. «Todo está en la creación de los hábitos adecuados», nos dijo, «y yo aún sigo trabajando en ellos en estos momentos». Establecer hábitos positivos requiere determinación durante toda la vida, pero vale la pena; los hábitos nos pueden liberar y fortalecer. Cada uno contribuye a nuestra capacidad para lidiar con las presiones y los sufrimientos, tanto del trabajo como de la vida.

RECONOCE QUE LOS HÁBITOS SUPERAN A LA FUERZA DE VOLUNTAD. ¡Recientes investigaciones señalan que todos tenemos una fuerza de voluntad muy limitada! Aquí es donde entran en acción los hábitos. Los necesitamos para que actúen cuando se debilite nuestra fuerza de voluntad. El notable poder que tienen unos buenos hábitos físicos, mentales y espirituales es algo bien documentado. A veces podemos desalentarnos en nuestras fallas para mantener resoluciones. No obstante, como le sucede al exitoso ejecutivo de más de setenta años de edad, nosotros también podemos descubrir que los hábitos nos fortalecen de la forma en que lo hace a menudo nuestro cuerpo en «piloto automático».

HAZ ALGO FÍSICO. Para esos de nosotros que ponemos los ojos en blanco cuando se nos exhorta a mantenernos en forma, las últimas investigaciones señalan con abundante claridad que añadirle aunque sea un poco de ejercicio a una vida sedentaria es algo que puede marcar una notable diferencia. Un ejecutivo dijo: «El ejercicio es la pieza más fácil del rompecabezas. Para mí, es la que me ha dado una gran recompensa».

LECCIONES DE LIDERAZGO

AL FINAL DE UNA TARDE, los pasajeros iban pasando por el aeropuerto de Dallas mientras nuestro coautor Harold Myra entraba agotado a un puesto de libros para revisar los estantes. Como jefe ejecutivo de su casa de publicaciones, había estado corriendo de reunión en reunión con síndicos y contactos de negocios, estudiando su presupuesto para el lanzamiento de un nuevo producto y pensando en las soluciones a una repentina crisis en el personal. El estrés y el peso de la situación lo desgastaban.

En un estante, un título le llamó la atención: *The Corporate Athlete* [El atleta corporativo].

Se sintió intrigado. ¿Qué significaba esa extraña combinación de palabras? Compró el libro, y durante el vuelo de regreso a Chicago, lo devoró.

Lo que inspiró a Harold fue cómo el autor Jack Groppel unía el realismo acerca del «crisol del alto rendimiento corporativo» con unas formas prácticas de cambiar mentalmente la química del cuerpo, recuperar energías a lo largo de todo el día y lidiar con los poderes de las emociones. Groppel desarrolló su libro a través del centro de preparación para ejecutivos del que fue cofundador y donde se aplican al lugar de trabajo los principios del entrenamiento atlético.

Los atletas usan el estrés (físico, mental y emocional) para volverse más fuertes, más rápidos y más centrados. Groppel señala que se entrenan para sus competencias y juegos, pero que los trabajadores tienen que rendir *todo* el tiempo y pocas veces entrenan. Cita la necesidad de adaptar una «mentalidad de entrenamiento» que incluya las habilidades emocionales, la preparación mental, el equilibrio, las actitudes, la recuperación, la buena forma y la nutrición como los «fundamentos en el proceso de entrenamiento».

Afirma que «el sistema humano hace cuanto uno lo entrene para que haga».

Harold continuó leyendo libros del socio de Groppel, James Loehr, quien entrenó durante años a excelentes atletas y después comenzó a aplicarles lo aprendido a los ejecutivos de las corporaciones. En *Stress for Success*, Loehr afirma que tenemos que aceptar las fuertes presiones de los lugares de trabajo como una realidad de la vida, y que para sobrevivir y prosperar necesitamos hacer más profunda nuestra capacidad para manejarlas. Entre las ideas que Harold subrayó en ese libro se encuentran estas:

- Así como puedes aumentar tu fortaleza física al levantar pesas cada vez mayores, también puedes entrenar de manera sistemática tu mente y tus emociones.

- Las emociones controlan tu vida personal, tu vida corporativa y tu vida espiritual. La resistencia de la mente y la resistencia del cuerpo son partes de una misma secuencia.

- El entrenamiento mental altera la estructura cerebral. El fortalecimiento de los pensamientos y las imágenes estimulan nuevas vías y, repetidas de manera constante, se vuelven más fuertes.

- El estrés es bioquímico. Lo que te llega a tu vida diaria en la oficina, y el número y la clase de agentes estresantes que fluyen dentro y fuera de tu vida corporativa, no son los determinantes de tu nivel de estrés. La respuesta interna de tu cuerpo lo dicta todo. La buena noticia es que la respuesta del estrés es muy modificable. Las tormentas de la vida y del trabajo se pueden convertir en oportunidades para ampliar tu capacidad de estrés.

Si esa última frase te parece demasiado simple, tal vez deberíamos volver a las ideas que vimos antes del superviviente del Holocausto, Viktor Frankl, quien enfatizó nuestra libertad para escoger nuestras reacciones. Las presiones y las toxinas que soportamos les pueden hacer un daño mortal a nuestra mente y a nuestro cuerpo, pero tenemos bastante control sobre cómo responderemos. Tal como aconseja Fred Smith, escoge una actitud de agradecimiento y «vive en compartimentos de un solo día». Y como aconseja Loehr: «Cuando te ves empujado hasta tus límites más absolutos, declárate: "Puedo lidiar con esto. Puedo lograr que este día me dé resultado"».

PREGUNTAS PARA COMENTAR

- *¿Qué cosas de tu vida (laboral o personal) crean más estrés en ti hoy en día?*

- *¿Que aspectos del estrés (exigencias mayores o menos recursos) están bajo tu influencia?*

- *¿Qué ajustes de actitud o de percepción podrías hacer que te ayuden a soportar mejor el estrés?*

- *¿Qué actividad física o sueño adicional podrías añadir a tu vida a fin de que te ayude a lidiar mejor con el estrés?*

«No acabamos de tener en cuenta la realidad de la naturaleza humana. Ninguno de nosotros es altruista por completo».

Gary Chapman

«¡Qué frágil es el ser humano! ¡Qué breve es la vida, tan llena de dificultades!»

El libro de Job*

«Todos los gerentes, a cualquier nivel que se encuentren, tienen una oportunidad, grande o pequeña, de hacer algo. No la dejes pasar».

Bob Anderson

CAPÍTULO SIETE

DESCENSO AL LADO OSCURO

LOS LUGARES EXCELENTES SE PUEDEN VENIR ABAJO CON UNA ALARMANTE RAPIDEZ

A MEDIDA QUE RECOPILÁBAMOS historias de los lugares de trabajo, nos ha ido desconcertando la frecuencia con la que unas organizaciones excelentes pierden su dinamismo... y les pasan cosas mucho peores. Una y otra vez escuchamos descripciones sobre «cómo eran las cosas en los buenos tiempos», en contraste con un rápido descenso. A veces esto se debe a que una junta escoge a un líder mal preparado para el papel. Otras veces, las crisis causan una avalancha de malas decisiones, o bien hay sucesos externos que aplastan el espíritu y la tolerancia de la organización, o se propagan las riñas internas e infectan a todos.

Una líder de equipo llamada Rebecca nos sorprendió al decirnos que detestaba su lugar de trabajo, aun cuando antes la entusiasmaba. «Ya no», exclamó. «Las cosas eran buenas de verdad, pero ahora este lugar está repleto de conflictos y de críticas».

Cuando le preguntamos el porqué, nos dijo que todo comenzó cuando la gerencia pasó de la meta de dar servicios de calidad a la de hacer dinero. «Todo tiene que ver con aumentar los ingresos y disminuir los gastos, y no hay fondos para capacitar y desarrollar al personal».

Después dijo: «Nunca, y lo digo en serio, NUNCA oímos nada positivo. En cambio, ¡sí oímos una gran cantidad de críticas! Nos critican delante de los demás, como si quisieran avergonzarnos. Ahora, los empleados entran tarde y salen temprano. Las personas se critican entre sí y se culpan mutuamente. Si yo pudiera, me marcharía en un abrir y cerrar de ojos».

Todos sabemos que una compañía debe ganar dinero, pero cuando esto se convierte en el enfoque primario, siembra el caos y puede causar que salgan huyendo los mejores empleados. Vemos que esto sucede a menudo cuando una corporación adquiere otra. Mark, estudiante de último año de ingeniería, nos dijo que por eso renunció a su trabajo para volver a la universidad. Antes de la adquisición de la corporación por otra, los empleados leales a la compañía nunca se perdían un día de trabajo y les encantaba trabajar juntos. Mark describe a sus jefes como personas comprensivas, y resume su experiencia diciendo: «Teníamos un maravilloso sentido de comunidad».

Cuando compraron su compañía, todo cambió. «La gran compañía decía que honraba a los empleados», dijo, «pero nosotros no les importábamos en absoluto, siempre que pudieran hacer dinero».

Mientras entrevistábamos a líderes y empleados, encontramos que ejemplos como este eran deprimentemente numerosos y desalentadores... y que no siempre el problema era el dinero. A veces, una sola persona en un puesto clave bastaba para destruir una organización con una eficacia de maravilla.

Tal vez el ejemplo más aleccionador, y para nosotros penoso, fuera el de una organización muy comprometida con los valores que estamos enfatizando. Un solo líder lo volvió todo al revés. Henry, quien pasó ocho años como psicólogo allí, nos describió la profundidad de la determinación anterior de la organización de respetar esos elevados valores y luego nos dijo lo que salió mal:

Si revisaran el manual de personal de la compañía,
encontrarían unas trescientas páginas de filosofías de

comunicación progresiva: decir la verdad y desarrollar una comunidad centrada en una consejería empática y centrada en los corazones. La organización había hecho posible un crecimiento que había transformado la vida de centenares de personas al enfrentarse a las obstrucciones emocionales. Era frecuente que el personal citara su trabajo allí como la cosa más importante de todas las que habían hecho, con gratitud por una serie interminable de ideas, de desarrollo personal y de sabiduría que habían adquirido.

Sin embargo, en mis ocho años allí, vi un giro hacia el definitivo lado oscuro.

En lo profundo de la mente de nuestro director, la empatía comenzó a desaparecer. La sustituyó una filosofía de solución de problemas casi mecánica, al estilo de corporaciones frías que no tienen contemplaciones. El director diseñó un proceso destinado a corregir a todo el que obstruyera esto; o que, ni pensarlo, fuera culpable de algún error humano. La intervención enérgica del «mazazo hablado» se usaba para agredir a «las personas con un manotazo verbal en la cabeza y despertarlas», a fin de que cumplieran con las expectativas de rendimiento.

Lo irónico es que el uso del director de su «conversación deliberada y comunicación no violenta» era impecable cuando hacía vergonzosas acusaciones «movido por la integridad» con el fin de enfrentarse al hecho de «no estar cumpliendo con lo acordado». De esas reuniones con él, la gente salía alterada en lo emocional e incapaz de trabajar con eficiencia durante días.

Mientras escuchábamos la historia de Henry, nos preguntábamos cómo, en una organización con tales elaboradas declaraciones de valores y compromisos, se podían usar esos mismos valores para socavarlos por completo. Henry nos dijo que, a la larga, sus colegas y él llegaron a la conclusión de que la ira y la intolerancia ocultas se gestaban en lo profundo del director, aunque en sus debates usara su experiencia, sus conocimientos y su inteligencia para levantar una fortaleza inexpugnable.

Aquí tienes una descripción más detallada de Henry acerca de la decadencia de la organización:

> Las disfunciones del director crecieron como una nube negra sobre toda la comunidad. Cambiaron las normas. Todo se volvió más tenso, menos confiable, más suspicaz. Se instalaron cámaras ocultas para monitorear la conducta del personal. El director les echaba la culpa a las personas por los «fallos» y desestimaba sus protestas usando términos de alta comunicación que las avergonzaban, como cuando hablaba de «falsos sentimientos». Así urdió una vida dedicada a ponerles delante un espejo a los demás por tanto tiempo que se olvidó de mirarse él mismo en uno.
>
> Empujaba a los empleados a hacer cada vez más, y nadie era capaz de alcanzar el nivel de perfección que les exigía en nombre del progreso, del crecimiento y de los logros de la organización. Al final, todo se desplomó. En una sola temporada, se marchó el ochenta y cinco por ciento del personal.
>
> Yo salí de allí con mal sabor de boca. Me mantengo en contacto con los escasos empleados que se quedaron, y el director está todavía allí. La cálida y resplandeciente luz que brilló en aquel lugar ha desaparecido casi por completo.

DOLOROSAS REALIDADES emergen a raíz de esta historia, y plantean la pregunta de por qué las juntas muchas veces no despiden a esos jefes malignos. El director de Henry había socavado de una manera brillante los valores básicos de la organización, pero aplastaba a los empleados calificados cuando intentaban enfrentársele. Lo lamentable es que una persona exitosa y lista situada en la cima puede ser casi insensible ante los consejos de quienes ha afectado con su disfunción. Por eso los síndicos de las juntas de gobierno, como autoridades máximas de la empresa, necesitan saber lo suficiente sobre lo que sucede en realidad, a fin de alertarlos, revisar la salud de la organización y tomar medidas correctivas cuando sea necesario.

Muy a menudo, no suena alarma alguna. Diversos observadores reflexivos, que van desde el experto en gerencia Peter Drucker hasta la *Harvard Business Review*, han hecho evaluaciones mordaces sobre la ineficacia típica de las juntas. Los que sirven como síndicos muy a menudo lo ven como un honor o como un beneficio, incapaces de ayudar para asegurarse de que se implementen las funciones clave de la junta. Es posible que los síndicos piensen que si una organización cumple con su presupuesto y sus metas, es porque funciona bien, pero quizá se desvíe de sus valores más importantes.

Como mencioné en el capítulo 2, Max DePree advierte que las culturas de trabajo son frágiles en muchos sentidos.

Henry, quien ahora dirige con eficiencia una organización distinta, dice que la desviación puede comenzar cuando el acatamiento externo de los modelos positivos de los líderes supera a su espíritu. «Una empatía que se limite a seguir las palabras no es auténtica», nos dijo. «La gente capta esto de inmediato». Esta ha sido nuestra experiencia al capacitar organizaciones con el uso de *Los cinco lenguajes del aprecio en el trabajo*. Hay una profunda diferencia entre «cumplir con las formalidades» en el reconocimiento del empleado y el aprecio auténtico.

A veces, los éxitos de los líderes en un campo los llevan a fracasos en otros. Un instructor de gimnasia llamado Matthew vio suceder esto sin poder hacer nada al respecto cuando unos nuevos dueños se hicieron cargo de su gimnasio.

Matthew trabajaba en la costa oeste en las dependencias de gimnasia más prestigiosa de todo el estado. El esposo y la esposa propietarios del gimnasio se acercaban ya a los sesenta años. Eran personas ricas, inteligentes... y arrogantes. Daban la impresión de tener la fórmula para una vida perfecta y, con unos bolsillos bastante llenos, pensaron que podían ser los dueños de un gimnasio y llevarlo a un nivel superior. Contrataron a un gerente general con experiencia, el cual compró nuevos equipos, hizo pintar las paredes y contrató más gente. Aumentó el número de estudiantes, corrió el dinero y parecía que las cosas marchaban bien.

No obstante, desde el principio los nuevos dueños no manifestaron respeto alguno por los gerentes ni por los instructores. Aunque todos eran profesionales experimentados que hacían su mejor esfuerzo, los consideraban como «empleados problemáticos». Después de unos seis meses, los dueños decidieron que el gimnasio no producía suficientes ganancias y exigieron de repente unos profundos cortes de gastos. A Matthew le indicaron que le quitarían la tercera parte de su sueldo, lo cual era una poderosa declaración sobre el valor que le concedían. Él se sintió obligado a renunciar, y los demás profesionales fueron haciendo lo mismo uno tras otro.

En menos de un año después de la compra, el icónico gimnasio cerró sus puertas. Los estudiantes y sus padres se sintieron consternados y enojados, pero no podían hacer nada. Los entrenadores y el resto del personal se quedaron sin trabajo, y el gimnasio se convirtió en una cervecería.

Matthew dice que antes del cierre del gimnasio, fue un ingenuo en cuanto a lo mucho que las actitudes en la cima de la pirámide de poder afecta a todos los que están debajo de ella. «Era la primera vez que veía desaparecer así un negocio», afirma. «Esas cosas suceden: me acuerdo de *Blockbuster*, *Circuit City*, y muchos otros. He aprendido a no ser nada sentimental en cuanto a lo que podría suceder, y espero estar por lo menos mentalmente preparado para unos cambios drásticos».

Por supuesto, hay fracasos que se producen a causa de unas abrumadoras fuerzas en el mercado o a otros cambios externos. Sin embargo, otros como el gimnasio fracasan porque los líderes no saben dirigir.

Tal vez recuerdes del capítulo 3 a un gerente de ventas llamado Kevin, cuyo jefe lo inspiró y por muchos años hizo prosperar a su compañía. Era una compañía excelente, con una gran química y unos grandes éxitos, y John, su jefe, la había dirigido con sensibilidad y visión. No obstante, cuando John recibió un ascenso y se convirtió en presidente de la junta, cometió un gravísimo error.

Esta es la versión breve de Kevin sobre lo que sucedió cuando la junta decidía sobre el nombramiento de un nuevo jefe ejecutivo:

La elección era entre un hombre llamado Frank y yo. John (el actual jefe ejecutivo) y la junta escogieron a Frank.

Aunque no necesariamente pensaba que yo fuera la persona perfecta para ese puesto, sí sabía que Frank no lo era en lo absoluto. Me parecía que su personalidad y su estilo como gerente eran tan contrarios a lo que necesitaba la compañía que podía hacer que terminara desplomándose.

Cuando John vino a mi oficina como jefe ejecutivo saliente y me preguntó si todo iba bien, le dije con exactitud lo que pensaba y le di numerosos ejemplos sobre por qué creía que la elección de Frank era una decisión desastrosa. Yo estaba pensando muy en serio en marcharme.

Sin embargo, después de pensarlo durante toda una noche, sabía que no me marcharía de mi trabajo. Al día siguiente, me presenté tanto ante John como de Frank y les dije que me quedaría, y que haría todo lo que pudiera por la compañía.

Con Frank como jefe ejecutivo, las cosas se fueron deteriorando de manera drástica. Frank dirigía mediante la intimidación y no quería tomar decisiones por temor a estar equivocado. Inseguro, se ponía al otro lado del cubículo de los empleados y escuchaba sus conversaciones telefónicas, o se mantenía escondido, tratando de oír lo que se conversaba por los pasillos. El ambiente se volvió negativo y cínico, y en mi interior surgieron un gran número de sentimientos de enojo.

Terminé dejando la compañía debido a una enfermedad personal, pero me he mantenido en contacto. Después de años de ineptitud en la gerencia, la cual causó unas pérdidas financieras inmensas, tuvieron que despedir a Frank. Más tarde, John me admitiría que tanto él como la junta cometieron un gran error al escoger como sucesor suyo al hombre equivocado.

> «Con Frank como jefe ejecutivo, las cosas se fueron deteriorando de manera drástica».

Frank era una persona de la misma compañía, y en papeles parecía tener las cualidades necesarias. Es obvio que tanto John como la junta pensaron que podría realizar el trabajo. No obstante, tomaron la decisión equivocada.

De algún modo, fueron ciegos al increíble poder de la química empresarial... tanto positiva como negativa.

ESTRATEGIAS DE SUPERVIVENCIA

ESTÁ ATENTO A LAS SEÑALES DE ADVERTENCIA. Los cambios siempre se van acelerando, y hasta en las mejores de las organizaciones, las nuevas exigencias, las transiciones y el incumplimiento de las expectativas causan la tentación de hacerles un cortocircuito a las mejores prácticas. Cualquiera que sea tu puesto, si ves algo que te molesta, analiza con detenimiento tus mejores prácticas personales a la luz de lo que está sucediendo.

APOYA LOS VALORES DECLARADOS. Casi todas las organizaciones tienen por escrito sus compromisos de valores. Compáralos con lo que ves que sucede.

REMA TÚ TAMBIÉN. Tal vez tengas poder para mantener a la organización por buen camino y tal vez no. Sin embargo, como lo indica el viejo dicho acerca de lo que sucede cuando la gente buena no hace nada, meter tu remo en el agua podría marcar la diferencia que se necesita. Y en situaciones como la del gimnasio de Matthew, también te podrías marchar de allí tan pronto como veas con claridad que todo se viene abajo.

LECCIONES DE LIDERAZGO

PETER DRUCKER, desde que era pequeño en Austria, aprendió pronto que los buenos tiempos no siempre duran. Comenzó la Primera Guerra Mundial, y el pequeño Peter perdió a muchos de sus seres amados, además de estar a punto de morirse de hambre. Años más tarde, escribió contra los nazis, y ellos le quemaron lo que había escrito. Durante esa guerra, Winston Churchill puso el libro de Drucker *El fin del hombre económico* en el kit de cada nuevo oficial.

Drucker llegó a ser muy conocido como el padre de la gerencia moderna. Había una profunda convicción que le dio forma a toda una vida de escribir libros y artículos que transformaron las organizaciones e influyeron de manera profunda en los líderes del mundo entero. Esa convicción era la siguiente: a todos nos hicieron a la imagen de Dios.

Esto le causó problemas con la General Motors cuando escribió acerca de las prácticas gerenciales de dicha empresa, puesto que Drucker no veía a los empleados como simples productores puestos en una línea de ensamblaje, sino como personas. Durante décadas, escribió sus fundamentales obras a partir de ese valor central, y ya en sus más de ochenta y noventa y tantos años, seguía ayudando a las organizaciones sin fines de lucro mientras producía aún libros e importantes artículos para las revistas. «Si se produce un colapso», le dijo de manera profética a un grupo de líderes de organizaciones sin fines de lucro, «será un colapso moral». Advirtió contra las compensaciones excesivas a los ejecutivos y las prácticas egocéntricas que contribuyeron a causar los traumas económicos globales poco después de su fallecimiento.

Si creemos que nos hicieron a la imagen de Dios, veremos, como lo hizo Drucker, unas grandes consecuencias para los lugares de trabajo. Una de ellas es cómo vemos a nuestros colegas y jefes, e interactuar con ellos.

Este capítulo, «Descenso al lado oscuro», se refiere a unas organizaciones que van desde las sanas hasta las tóxicas, pero lo cierto es que pocos escapamos a la dinámica de ese lado oscuro, incluso en las culturas florecientes. Una promesa que se rompe, un robo que queda al descubierto o la traición de un socio. Los amigos se convierten en enemigos.

A través de los siglos, los sabios han escrito de lo que parece sin sentido: el valor de los enemigos. Fred Smith, en *You and Your Network*, dedica un capítulo a esto, diciendo: «Quizá los enemigos amenacen nuestra seguridad, nuestro bienestar, nuestra prosperidad, pero vemos más allá de ellos lo bueno que puede venir, lo cual motivó a Robert Browning a escribir: "Entonces, dale la bienvenida a cada desaire que haga áspera la suavidad de la vida"».

Los desaires pueden contener verdades. La hostilidad nos refina y nos fortalece.

Fred alinea sus pensamientos con el reto lanzado por Jesús en cuanto a amar a nuestros enemigos, aconsejando un amor fuerte y disciplinado, y perdonándolos porque esto «nos libera del ácido de la enemistad».

Los buenos tiempos no siempre duran. Las grandes organizaciones pueden perder dinamismo. La vida y el trabajo son difíciles para todos nosotros. En cambio, lo que sí podemos escoger es nuestra actitud. Y podemos formar causa común con quienes tienen un espíritu semejante al nuestro, y que ven un potencial positivo en las personas y en nuestros frágiles lugares de trabajo.

PREGUNTAS PARA COMENTAR

- *Cuando se producen hechos negativos en tu lugar de trabajo, ¿con qué emociones y reacciones tienes que luchar?*

- *Si permites que reacciones poco saludables crezcan y comienzas a actuar en consecuencia, ¿que te podría suceder?*

- *¿Qué acciones positivas o pasos preventivos podrías realizar a fin de sobrevivir y prosperar?*

«Es asombroso lo que uno puede hacer cuando
no busca que le den todo el crédito.
Encuentro que nada es en realidad la idea
de una sola persona».

Dan Tully

«Pero entre ustedes será diferente. El que quiera
ser líder entre ustedes deberá ser sirviente»*.

Jesús

«Los líderes siervos escuchan a quienes los guían
y aprenden de ellos. Evitan la trampa en que
caen muchos de los presuntos líderes:
la arrogancia de la ignorancia».

Bill Pollard.

CAPÍTULO OCHO

RECETA PARA EL CINISMO

LOS RESULTADOS DEL RECONOCIMIENTO PUEDEN
SER CONTRAPRODUCENTES, PERO
LA APRECIACIÓN AUTÉNTICA FORTALECE

EN UN PEQUEÑO HOSPITAL especializado, los empleados se reunieron con nuestro coautor Paul White para tener una sesión de capacitación acerca de la comunicación del agradecimiento en el lugar de trabajo. Una de las enfermeras levantó la barbilla, miró con fijeza a Paul y le dijo con exactitud lo que estaba sintiendo: «Yo no he oído nada positivo acerca de mi desempeño durante dos años. Ahora que estamos pasando por esta sesión, ¿espera usted que les crea cuando me digan que me agradecen lo que hago? ¡Eso no va a suceder!».

Paul ya había escuchado este tipo de palabras hirientes mientras trabajaba con supervisores y grupos de trabajo. Al principio, le sorprendió todo el cinismo y la negatividad que encontró, pero terminó llegando a la conclusión de que eso era lo común y corriente en toda clase de organizaciones. Por ejemplo, cuando preguntaba acerca de programas de reconocimiento a los empleados, lo que provocaba eran suspiros y ojos en blanco. Y oía comentarios sarcásticos, como estos: «Sí, claro, tenemos un programa de reconocimiento a los empleados», seguidos por: «Pero es una broma.

Nadie se lo toma en serio. Le dan a uno un certificado o un estacionamiento especial para el auto. Lo que sea».

Muchos empleados se sentían resentidos ante iniciativas de la gerencia tales como un nuevo lema para la corporación o una de esas insistencias sobre «nosotros cuidamos de nuestros clientes». ¿Por qué? Un gerente en nivel intermedio le dijo a Paul: «¡Es difícil lograr que los empleados crean que la compañía cuida de los clientes cuando las decisiones y las normas parten del enfoque de los principales líderes en mejorar las ganancias de la compañía al reducir el servicio a esos mismos clientes!».

Las investigaciones indican que cuando los miembros de los equipos se sienten valorados, suben las tasas de satisfacción de los clientes. Entonces, es muy irónico que la «promoción» del agradecimiento dentro del lugar de trabajo suela hacer lo opuesto.

Hace poco, Paul conversaba con un amigo, gerente ejecutivo de una compañía privada grande, que le hizo este comentario:

—Sí, tuve que ir el jueves a nuestro banquete anual de premios por servicios prestados.

Le explicó que tenía que asistir cada cinco años.

—Bueno, ¿y cómo es eso? —le preguntó Paul—. ¿Qué pasó?

—No pasó gran cosa. Todos los años es lo mismo. Los que reciben premios hacen una fila, se van diciendo sus nombres y suben a la plataforma. Se les da una placa, el jefe ejecutivo les da la mano, les toman una foto con él y después se bajan de la plataforma.

Paul le preguntó qué pensaba de eso.

—En realidad, es algo loco. Hacen la misma clase de programa todos los años. No tiene sentido y es una pérdida de tiempo. Aun así, hay que asistir.

Una pérdida de tiempo. Esa queja es muy común. Por ejemplo, un consultor llega a una organización, le da ciertas clases al personal y se supone que los empleados elogien a sus compañeros de trabajo o les escriban notas de agradecimiento. Es posible que se obligue a todos a participar, tanto si los elogios son genuinos, como si no lo son. Después de unas cuantas semanas, se realiza la siguiente clase «con el sabor del mes», tal vez un programa de evaluación de la personalidad. Muchas veces, la gente siente que todo ese proceso no es más que un espectáculo para que la gerencia quede bien. Los empleados sienten que están abusando de ellos, cumplen con las formalidades, hacen lo que les dicen (a veces con sinceridad, pero más a menudo de manera superficial), y consideran el programa como una broma. Lo que crea este proceso repetitivo es una desconfianza subyacente.

A veces, la fuente del cinismo no está en los pasos en falso de la gerencia. La gente trae sus propias heridas a su lugar de trabajo. Muchos sienten que tienen el derecho de ser cínicos porque otros que tienen cerca los han herido repetidamente y les han fallado, de manera que su vida ha sido difícil y dolorosa. En esencia, el cinismo es una desconfianza con respecto a la motivación de los demás; la creencia de que los otros no están de veras interesados en nadie más que en ellos mismos. Los que tienen un punto de vista cínico, muchas veces tienden a la ira; su cinismo se relaciona menos con la situación concreta y más en cómo ven la vida. Llegaron a la conclusión de que no se puede confiar en la gente y que la confianza en los demás da lugar a que se aprovechen de ti o te hagan daño.

En el caso de los obreros muy heridos, los gerentes los podrían sondear con palabras como estas: «¿Por qué sientes que el programa no es sincero? ¿Qué se podría hacer de otra manera para que funcionara en tu situación?». Tal vez podría llegar un pequeño rayo de luz y se podrían hacer algunos cambios.

No obstante, a la luz de las numerosas historias que aparecen en los capítulos anteriores, es fácil comprender por qué los programas de reconocimiento pueden alejar en lugar de inspirar.

LOS HOSPITALES, LAS ESCUELAS Y LAS AGENCIAS del gobierno, con su burocracia inevitable, son invernaderos naturales para el cinismo. Las compañías sujetas a fuertes regulaciones del gobierno experimentan la misma fertilidad tóxica. Las reglas y las normas derrotan el sentido común, y los obreros se acomodan.

Un funcionario de seguridad de una refinería llamado Caleb fue lo bastante listo como para reconocer las formas en que los empleados podían reaccionar ante las rígidas reglas y normas del gobierno impuestas después del 11 de septiembre para proteger la refinería de los ataques terroristas. Era nuevo en el trabajo, y su título universitario no tenía nada que ver con el petróleo, pero como no había ninguna otra opción, aceptó el puesto. Aunque carente de experiencia, se le encomendó que se asegurara de que la refinería estuviera cumpliendo por completo con las estrictas órdenes del gobierno.

Para alguien sin preparación, esa tarea era abrumadora, y poco después de comenzar a cumplirla, se programó un ensayo sobre una toma de rehenes por parte de los terroristas, donde participarían el FBI, cuatro unidades policíacas, dos equipos especiales de SWAT, los negociadores y, por supuesto, todos los empleados. A Caleb se le dijo que, como funcionario encargado del cumplimiento de las normas, tendría la responsabilidad de coordinar el ensayo. Antes aun, tenía que dirigir reuniones mensuales de seguridad con los empleados. Aquí tienes lo que pensaba mientras enfrentaba todo esto:

«Cuando vi a los operadores sentados frente a mí, supe lo que pensaban: "Tú hablas como si fueras uno de nosotros, pero todos sabemos que no lo eres».

En mi primera reunión estaba preocupado, ya que había un montón de combustibles tales como resentimientos de jerarquía y las tensiones entre obreros y administrativos. Era un «nosotros» contra «ellos». Todo el mundo quería estar preparado en caso de que se produjera un ataque terrorista o una toma de rehenes, pero a mí se me veía que estaba allí más que todo para hacerles la vida más difícil.

Cuando vi a los operadores sentados frente a mí vestidos con sus sucios overoles, que acababan de trabajar en condiciones peligrosas, supe lo que pensaban: *Tú hablas como si fueras uno de nosotros, pero todos sabemos que no lo eres.*

Caleb sabía que estaría en una posición peligrosa ante los operadores si no era capaz de respaldar sus palabras con acción. Una de las fuentes primarias del cinismo es cuando las organizaciones hablan de ser unos lugares de trabajo estupendos, pero no se preocupan de serlo en realidad. Él sabía que tenía que demostrar que comprendía los problemas de ellos, pero también sabía que necesitaba hallar unas formas prácticas de ayudarlos a resolverlos.

Vi que los tenía que ayudar a darse cuenta de que yo no iba a limitarme a lanzarles más burocracia encima. Esas nuevas reglas eran un gran fastidio, y sentí una empatía genuina hacia ellos. Les dije que comprendía lo difícil que esto les resultaba y que lo simplificaríamos tanto como fuera posible, y después pasé a expresar un fuerte agradecimiento por su labor tan exigente.

Cuando les dije esas palabras, pude ver que se les suavizaba el rostro y se relajaban.

Cumplimos nuestras promesas y actuamos a favor de ellos. Una de las regulaciones exigía que cada empleado fuera en auto a un lugar determinado para que le hicieran un análisis de su historial y les dieran una nueva tarjeta de identidad, pero nosotros arreglamos las cosas para que ellos pudieran recibir allí mismo sus tarjetas. Las ruedas del gobierno se mueven despacio, y tienen una gran cantidad de ruedas chirriantes e incómodas, de manera que nos tomó año y medio conseguir esas tarjetas, pero lo fuimos suavizando y simplificando tanto como pudimos.

Mi jefe era un personaje interesante, un veterano de Vietnam. Había trabajado en la refinería como operador listo para lo que fuera, y era un hombre sencillo con un gran sentido del humor. Los empleados lo respetaban, y tenía el don de reducir las tensiones. Yo tenía muchos más estudios formales que mi jefe, y habría podido cometer el inmenso error de sentirme superior a él. En su lugar, él se convirtió para mí en un gran mentor y guía. Me sentía muy feliz de poder aprender de él.

Ahora que recuerdo las cosas, las razones por las que mis años en ese lugar se convirtieron en un tiempo tan agradable de

mi vida comenzaron con mi empatía genuina hacia los obreros y al darme cuenta del impacto que causaría lo que se les exigía. El hecho de haberles expresado mi sincero agradecimiento los ayudó a darse cuenta de que yo los valoraba como personas y reconocía lo importante que era su difícil trabajo.
El agradecimiento echó abajo las barreras.

¿CUÁL ES LA COSA que más afecta la forma en que las personas disfrutan de su trabajo? Ante todo, la gente florece cuando se siente *valorada* por sus supervisores y colegas... y eso significa que sienten que su agradecimiento es auténtico y de corazón.

Una y otra vez, las encuestas revelan que los beneficios no son el factor clave para la satisfacción de los obreros. Es más importante que sientan que la compañía los valora de veras y que su trabajo los hace sentir que forman parte de algo importante.

Las compañías han captado este mensaje, y los programas de reconocimiento a los empleados han proliferado, y se calcula que los tienen alrededor del noventa por ciento de las organizaciones de Estados Unidos. No obstante, es de notar que, al mismo tiempo, ha *disminuido* la satisfacción de los empleados. Muchos gerentes se sienten frustrados y confundidos en cuanto a las formas de apoyar y animar a su personal.

Alguien dijo que el espíritu humano necesita los elogios de la misma manera que las flores necesitan la lluvia y el sol. Las flores se marchitan sin agua y sin luz, y la gente sin apoyo se marchita también. Sin embargo, con la gente no es posible echarle encima ese apoyo, como les sucede a las flores cuando cae la lluvia. No todo el mundo se siente apreciado de la misma manera. Esa apreciación se debe expresar en un lenguaje y con unas acciones que sean los más importantes para el que la recibe.

En la «Guía y recursos de supervivencia» que encontrarás a continuación, hablamos de unas maneras de comunicar que ha probado que son esenciales, porque son formas auténticas de valoración. Las calificamos como «el antídoto para las culturas cínicas».

Encontrarás una gran cantidad de sugerencias prácticas y fáciles de leer en esa guía. Puedes revisarlas de vez en cuando, y esperamos que encuentres ideas que te ayuden a satisfacer tus necesidades.

TAL COMO STUDS TERKEL observara, el trabajo trata tanto de «la violencia del espíritu como del cuerpo». No se refería en particular a las culturas ni a los jefes tóxicos, sino a los trabajadores de una amplia gama de trabajos que se enfrentan a unas exigencias y unas realidades que requieren valor y resistencia.

El trabajo es difícil, y algunas veces ser líder en el lugar de trabajo es lo más difícil de todo. ¡No en balde se han escrito tantos libros acerca del liderazgo!

Un reciente libro de la industria del cuidado de la salud se titula *Leadership in the Crucible of Work* [Liderazgo en el crisol del trabajo]. Lo típico es que oigamos la palabra «crisol» aplicada a las presiones extremas, como cuando hablamos del «crisol de la guerra», o del «crisol de la presidencia de los Estados Unidos». Al fin y al cabo, un crisol es «una cavidad situada en el fondo de un horno» donde se refinan los metales mediante un calor extremo. Sin embargo, Sandy Shugart, líder durante largo tiempo de una red de hospitales y actual presidente de una universidad, escribe en este libro que tanto los líderes como las personas que tienen un trabajo común y corriente experimentan el calor y la presión en el crisol del trabajo. Es inevitable y, cuando es tóxico, el calor abrasa con un dolor especial.

Shugart escribe: «Conozco un líder de una excelente organización de servicio en nuestra propia comunidad cuya organización se ha dañado tanto por la toxicidad de sus hábitos de control y de manipulación que nadie puede trabajar allí por largo tiempo sin recibir heridas permanentes. Por fuera, proyecta competencia, sabiduría y hasta servicio, pero su personal lo conoce y sabe que

125

es un líder con profundos conflictos y muy capaz de castigar. Su propia infelicidad en este triste estado solo sirve para aumentar el ácido sulfúrico a la espera de lanzarlo contra alguien cuando no satisface sus expectativas siempre cambiantes. Su organización parece, vista desde el exterior, como lo bastante eficaz, hasta que tenemos en cuenta lo que habría podido ser, las posibilidades creativas que han sido aplastadas y los colegas bien dotados que han tenido que exiliarse de ella. Y él está despertando poco a poco a la prisión que él mismo se ha fabricado. ¡Qué triste!».

Shugart aconseja que debemos darnos cuenta de que los recursos del liderazgo «son de por sí peligrosos tanto para el líder como para los que dirige»; que debemos buscar las señales de erosión en nuestra propia personalidad. Por ejemplo, la rendición de cuentas se puede deslizar hasta convertirse en coerción, la persuasión se puede convertir en interpretación y la negociación en manipulación. El líder auténtico se enfrenta a la tentación de seguir el camino de otros líderes, ya sea que estén por encima o debajo de él, que envenenan las relaciones de trabajo.

Las mejores obras sobre el liderazgo insisten en la integridad, la confianza y el carácter. Es posible que algunos de nosotros guiemos desde la cima, mientras que otros lo hagan desde un punto medio de una organización, incluso desde el frente de batalla. Cuando nos llegan acusaciones, luchas internas y amenazas, nuestra reacción natural quizá sea la de responder con violencia o la de culpar a otros. No obstante, todo lo que hace esto es prenderles fuego a las disfunciones.

Ahora incluimos aquí la oración de san Francisco. No solo los religiosos encuentran que esta conocida oración es válida desde el punto de vista psicológico y práctica en gran medida. La sabiduría que contiene se puede encontrar en innumerables paredes de escuelas, hospitales, centros de consejería, iglesias y negocios. Es capaz de crear una mentalidad de paz y poder. Es muy sencilla, pero también muy diferente a todos los patrones de pensamiento que dominan hoy:

Señor, hazme instrumento de tu paz. Donde haya odio,
siembre yo amor; donde haya injuria, perdón; donde haya
duda, fe; donde haya desaliento, esperanza; donde haya
tristeza, alegría; donde haya oscuridad, luz.

La oración de san Francisco sigue insistiendo en consolar a
otros en lugar de ser consolados y en buscar menos que nos com-
prendan que comprender... y en amar y perdonar. Además de los
valores espirituales de la oración están sus principios prácticos,
incluyendo el poder de eliminar la fijación de nuestra mente en
nuestros propios problemas y adquirir la paz interior. ¡Algo muy
aplicable a los lugares de trabajo de hoy en día!

PREGUNTAS PARA COMENTAR

- *¿Has pasado por alguna sesión de entrenamiento que sintieras superficial? ¿Qué podría haberse hecho para que la sintieras más genuina?*

- *¿Te cuesta trabajo evitar el cinismo respecto a algún aspecto de tu trabajo? ¿Desconfías de la motivación de otros? Si es así, ¿por qué?*

- *¿Puedes identificar a alguien que conoces o con quien trabajas que se relaciona con otros de manera auténtica? ¿Puedes pensar en las formas en que te agradaría parecerte más a esa persona?*

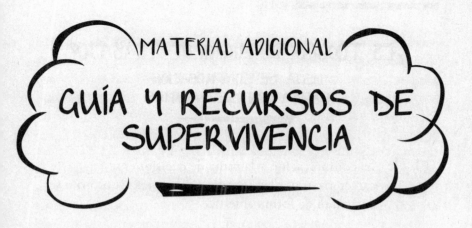

MATERIAL ADICIONAL

GUÍA Y RECURSOS DE SUPERVIVENCIA

AUN AQUELLOS DE NOSOTROS que llevamos tiempo en el mundo laboral, nos podemos encontrar cegados por la gente venenosa y los jefes abusadores. La triste realidad es que están por todas partes. En una encuesta, el 64 % de los que respondieron trabajaban en esos momentos con una persona tóxica y el 94 % trabajó con alguien tóxico a lo largo de su vida laboral. En un estudio con enfermeras, el 91 % dijo que había tenido experiencias en las que se sintió atacada, despreciada o humillada. Y considera esto: entre esas enfermeras, más de la mitad no creía ser competente para responder a los abusos verbales.

¡Esa es la razón para esta guía! Pocos de nosotros, por más inteligentes que seamos, nos sentimos competentes por completo a fin de enfrentar las realidades de un ambiente de trabajo tóxico. Esperamos que esta guía te provea unas cuantas ideas y estrategias que te ayuden a sobrevivir y prosperar en tu lugar de trabajo.

¿ES TÓXICO TU LUGAR DE TRABAJO?

LISTA DE COMPROBACIÓN
RÁPIDA CON DIEZ PUNTOS

☐ **1.** La comunicación y la toma de decisiones se caracterizan por las agendas ocultas; los asuntos no se enfrentan de forma abierta.

☐ **2.** Raras veces los departamentos trabajan unidos para alcanzar metas comunes.

☐ **3.** Los líderes tienen la costumbre de decir una cosa y hacer otra.

☐ **4.** Todo el mundo se siente presionado para hacer que las cosas parezcan estar bien.

☐ **5.** Los gerentes consideran que la gente está allí solo para realizar sus trabajos, y tienen muy poco interés por conocerla en persona.

☐ **6.** Los supervisores o gerentes manipulan a los miembros de su equipo haciéndolos pasar vergüenzas o enojándolos.

☐ **7.** La apatía, el cinismo y la falta de esperanza son las marcas generales del ambiente laboral.

☐ **8.** Las reglas y los procedimientos se pasan por alto en gran medida.

☐ **9.** Los empleados sienten poca necesidad de rendir cuenta por sus acciones y decisiones.

☐ **10.** Se «usa» a las personas para beneficio de la organización y se desechan cuando se considera que ya no son útiles.

No hay puntuación formal de esta lista de verificación, pero es obvio que la selección de más elementos indica un ambiente más tóxico. Una versión ampliada de esta lista de verificación, que evaluará diez subescalas, generará un informe individualizado e identificará recursos para los aspectos más problemáticos, se puede encontrar en appreciationatwork.com/toxicworkplace.

EL ANTÍDOTO PARA LAS CULTURAS CÍNICAS: AUTÉNTICO RECONOCIMIENTO

LAS PERSONAS EN EL LUGAR DE TRABAJO desean con desesperación sentir que se les valora y reconoce, pero la cruda realidad es que la mayoría no lo hace: ni sus organizaciones, ni sus supervisores, ni sus colegas. Y cuando los empleados no se sienten valorados, suceden cosas malas.

- Se sienten desanimados y que se aprovechan de ellos, y llegan tarde al trabajo o llaman para decir que están enfermos.

- No les agrada su trabajo, no siguen las normas ni los procedimientos, y la productividad se viene abajo.

- Aumentan los robos por parte de los empleados, y disminuye la satisfacción del cliente.

- Las actitudes negativas y la irritabilidad generan tensiones; aumenta la renovación del personal.

En cambio, cuando los miembros de los equipos se sienten valorados, le siguen resultados positivos. Los trabajadores se quejan menos, los gerentes disfrutan de su trabajo y todos perseveran más cuando hay que resolver problemas. Se siente un aumento de la lealtad entre el personal y los clientes, los empleados se toman menos tiempo por enfermedad y hay menos accidentes en el trabajo. Las investigaciones señalan con claridad estos beneficios.

Las organizaciones son muy conscientes de todo esto, y casi todas han comenzado programas de reconocimiento. No obstante, muchos gerentes y empleados de primera línea ven estos intentos con cinismo y apatía porque es frecuente que se demuestre que no son auténticos.

¿Cómo se puede cambiar esto? Hace falta mucho más que unas buenas intenciones, como han llegado a aprender los supervisores frustrados. Los coautores Gary Chapman y Paul White hablan de estas cuestiones en su libro *Los cinco lenguajes del aprecio en el trabajo*, desarrollando los siguientes principios cruciales:

- Adquiere la costumbre de comunicar tu aprecio, en lugar de limitarte a hacerlo en la revisión anual o en reuniones de reconocimiento.

- Hazlo de manera personal e individual, y no para todo el departamento. Los reconocimientos hechos de manera mecánica no son lo mismo que el aprecio auténtico.

- Relaciona tu aprecio a una acción específica o a una cualidad del carácter, en lugar de usar el genérico «¡Buen trabajo!». Y comunícalo con autenticidad. Busca algo que puedas afirmar de manera genuina, aunque te parezca pequeño, porque un elogio pequeño es mucho mejor que un elogio forzado. Si en realidad no valoras a tu colega, fingirlo va a empeorar las cosas.

- Muestra aprecio como parte de tus actividades del día en el trabajo.

- Anima a los empleados a mostrarse aprecio entre sí. La química de una organización depende de algo más que de una moral de trabajo creada «desde arriba hacia abajo».

- Recuerda que no todo el mundo se siente apreciado de la misma forma. Por ejemplo, no todo el mundo valora los elogios verbales («las palabras son baratas»). Es vital comunicar el aprecio en el lenguaje y con las acciones que valora el que lo recibe, los cuales varían de manera significativa. Los seres humanos tenemos diferentes lenguajes de aprecio, y entre ellos se incluyen palabras de afirmación, tiempo de calidad, regalos, actos de servicio y toque físico.

Dentro de cada uno de esos lenguajes, la gente valora diferentes tipos de acciones. Por ejemplo, hay empleados cuyo lenguaje primario es el tiempo de calidad, como los momentos personales con sus supervisores, mientras que otros prefieren salir a almorzar con sus colegas. Para ayudar a los supervisores y a los gerentes a identificar las formas específicas en que cada miembro del equipo se siente valorado y animado, desarrollamos el inventario de motivación por aprecio, y los demás recursos para los lugares de trabajo, que te presentamos a continuación para que los explores y utilices.

Para más información, revisa:

- *Los cinco lenguajes del aprecio en el trabajo*, por el Dr. Gary Chapman y el Dr. Paul White

- *El Inventario de motivación por aprecio* (en inglés): www.mbainventory.com

- *Recursos para el aprecio en el trabajo* (en inglés): www.appreciationatwork.com

- YouTube: *Appreciation at Work*

- Facebook: *5 Languages of Appreciation*
- Twitter: @drpaulwhite

LOS DIEZ RASGOS PRINCIPALES DE LOS LÍDERES TÓXICOS

ENTONCES, ¿POR QUÉ HAY tantos jefes malos? Mientras hacíamos las investigaciones para este libro, nos sorprendió el gran número de contactos profesionales nuestros que tenían sombrías historias que relatarnos, y nos sentimos sorprendidos de la misma manera por la notable cantidad de ellos que soportaron a unos jefes tóxicos durante demasiado tiempo. ¿Cómo era posible que tantas personas inteligentes no fueran capaces de levantarse cuanto antes para enfrentarse a los que les destruían la vida?

Como has visto, las respuestas son complicadas.

Cuando cualquiera de nosotros se une a una organización, no esperamos precisamente que nos aparezcan manzanas podridas en altas posiciones, y con frecuencia, los líderes nocivos son brillantes en cuanto a hacer que su maldad parezca «natural».

Por tanto, debemos plantear una advertencia aquí. Los ambientes de trabajo no necesitan que los líderes tóxicos se conviertan en dañinos para la salud; eso se presenta de muchas formas, entre ellas unas estructuras o unos procedimientos ineficaces, unas comunicaciones pobres o solo un gran número de empleados disfuncionales. La identificación de estas características no debería comenzar un juego de culpas donde nadie se sienta seguro.

Dicho esto, la revisión de estas realidades perturbadoras acerca de los líderes tóxicos te puede llevar a algunos momentos de realización, y ver más allá del disfraz que llevan puesto te podría ahorrar a ti, o a un amigo tuyo, una cantidad considerable de sufrimiento. Además, hay un beneficio que nos cuesta trabajo mencionar: puesto que todos tenemos nuestras rarezas, si al analizar estas características captamos el más ligero olor de ellas en nosotros mismos, tal vez necesitemos buscar un poco en nuestra alma.

Como es obvio, los líderes tóxicos son de diversas clases, y la gravedad de su enfermedad varía. Algunas de estas características se superponen entre sí porque muchas surgen de una dinámica básica: el hecho de que se hallan muy centrados en ellos mismos.

SE VEN BIEN (AL MENOS EN UN PRINCIPIO). Muchas veces, son elocuentes, hábiles en lo social y persuasivos. Tal vez sean personas con atractivos físicos, tengan un impresionante currículum vítae o procedan de una familia famosa o exitosa. Pueden ser inteligentes y muy habilidosos en el aspecto técnico de un negocio. Adquieren sus posiciones de liderazgo de diversas maneras. A muchos los contratan teniendo en cuenta su aureola de habilidades y talentos. Otros saben entusiasmar a las personas con alguna visión, o demuestran que pueden motivar a los demás para generar resultados positivos. Algunos se deslizan hacia el poder en los negocios que son propiedad de su familia o al trabajar con sus conexiones. A veces comienzan como personas saludables en gran medida, pero con el tiempo, las presiones y las concesiones degradan su integridad.

SON EXTREMISTAS EN CUANTO AL LOGRO DE LAS METAS. Por lo general, los líderes tóxicos están sumamente comprometidos con lograr metas; o al menos, dar la apariencia de que las logran. Muchos tienen la capacidad necesaria para crear una visión y motivar, y para esos a los que tienen que rendirles cuentas, saben «darles lo que quieren escuchar». Centrados de manera extrema en los logros, usan todos sus recursos para perseguir sus metas, y son expertos en hacer que otros terminen tareas que comenzaron ellos. Sin embargo, es importante observar que muchas veces sus metas no son las mismas que tiene la organización. Sus metas son motivadas por el interés en ellos mismos y en su propia promoción, y están dispuestos a usar los recursos de la organización para que los ayuden a alcanzar sus objetivos personales.

SON MANIPULADORES. Los líderes tóxicos son maestros en la manipulación, tanto de la información como de las personas. En especial, son hábiles en el control de imagen, haciendo que las cosas se vean bien cuando en realidad no andan bien. Es frecuente que citen de manera selectiva los datos para apoyar sus posiciones, manipulando la presentación de la información. Los hay que son hábiles en la manipulación de los medios de comunicación para hacer avanzar su propia imagen y proclamar sus éxitos. Escogen lo que van a expresar, cuándo lo van a hacer, con quién y de qué manera, manteniendo un estrecho control de todos los datos reales sin procesar. Con el uso de la culpabilidad, la vergüenza y la amenaza de crear situaciones embarazosas, los líderes tóxicos manipulan a los que trabajan para ellos, a sus colegas y socios estratégicos, y algunas veces, a aquellos para los que trabajan. Hasta recurren al chantaje, con amenazas de este tipo: «Si no cooperas, ya sabes lo que te va a pasar».

SON NARCISISTAS. Los líderes tóxicos creen de veras que son seres superiores; que son más brillantes, más astutos y más talentosos. Todos los resultados buenos los consideran producto de sus talentos, sus esfuerzos y su liderazgo. Como consecuencia de su obvia «superioridad», llegan a la conclusión natural de que deben ser los primeros: sus necesidades (lujosas con frecuencia), su imagen, su éxito. Todo tiene que ver con ellos, aunque muchas veces pintan la escena en función de lo que es mejor para la organización o para su clientela. Aunque no lo digan en público, creen que las reglas no tienen aplicación en su caso, sino que se hicieron para la gente simple que las necesita y que no comprende su elevada causa ni su llamado. Cuando no se les da la atención que creen merecerse, o cuando tienen que compartir con alguien el centro de atención, se enojan de una manera extrema y la toman con los que les rodean. Creen que son la razón de todo lo bueno que ha sucedido y que se les debe atribuir el mérito.

SE ROBAN EL MÉRITO POR LOS ÉXITOS DE OTROS.

Casi ningún líder tóxico tiene escrúpulos en cuanto a asumir toda la responsabilidad por cualquier éxito o por algo que parezca un éxito. Ya sea que participaran o no, si los resultados positivos se producen cerca de su presencia o influencia, proclaman que esos resultados se deben a su visión superior, a la profundidad de sus conocimientos y a sus esfuerzos. Cuando un equipo se compromete a usar un tiempo y un esfuerzo extraordinarios para hacer que un evento sea todo un éxito, su esfuerzo no se menciona, sino que el líder es quien se lleva toda la gloria. Esto es fastidioso en especial cuando alguien, a través de un trabajo muy duro en el que empleó largas horas, convierte en triunfo un fracaso en ciernes. Todos los que participaron saben quién es el verdadero responsable, pero aun así el líder tóxico se atribuye todo el mérito, y con frecuencia tiene la audacia (y la capacidad) de hacer que el verdadero héroe salga mal parado en el proceso.

SON ARROGANTES. Con su manera narcisista de verse a sí mismos, los líderes tóxicos casi siempre se relacionan con los demás de una manera arrogante... excepto cuando los elogian a fin de manipularlos. Esperan que los demás lo sirvan, cualquiera que sea la posición de esas otras personas. Zalameros y socialmente corteses en público, se reservan su arrogancia para el lugar de trabajo. En sus encuentros públicos, es probable que actúen de una manera cortés y colaboradora, pero después rezuman en privado su enojo y su desdén por otros.

Puesto que creen que nadie más es tan talentoso ni tan brillante como ellos, piensan que siempre se deben recibir sus ideas con respeto y deferencia. Una advertencia: No los desafíes en presencia de otras personas. Cuando sienten que no se les respeta de la manera debida, destrozan a quienes ven como una amenaza a su autoridad. En una reunión, pueden llegar a atacar a los miembros de su equipo, usando insultos, arrebatos de rabia o sarcasmos.

NO SON AUTÉNTICOS. Al principio, es posible que los líderes tóxicos actúen como si les interesaran mucho la causa y las personas de la organización. Es más, uno de los tipos de líderes tóxicos es el afectuoso y socialmente atrayente que da la impresión de tener un gran interés por el bienestar de los demás. Sin embargo, solo se trata de un acto superficial cuyo propósito es alcanzar una meta. Con el tiempo, su verdadera personalidad se vuelve evidente para quienes le rodean.

Cuando esta fachada de interés por otros se comienza a derrumbar, algunos miembros del equipo reaccionan al esforzarse por impedir que se descubran los defectos del líder. ¿Por qué? Porque tal vez el equipo quiera alcanzar sus metas en lugar de dar el aspecto de que los embaucaron. O quizá se encuentren en una posición en la que se van a ver mal ellos si se descubren las disfunciones y las acciones del líder. Así que continúan con la farsa. Otros pierden la confianza en el líder, se comienzan a distanciar y se entregan al cinismo.

La falta de autenticidad del líder se puede hacer evidente también en otros aspectos: no tiene los talentos ni las habilidades que parecía tener, tal vez la experiencia previa y los estudios que alegaran tener sean falsos, y a menudo se descubre que los resultados de que se jactaban sobre el logro en otras organizaciones son falsos.

USAN A LOS DEMÁS. En nombre de «la gran causa», los líderes tóxicos usan y sacrifican a los que trabajan para ellos, sin importarles lo leales que les sean. Cuando no se alcanzan las metas, o está a punto de descubrirse alguna forma de conducta poco ética, se pueden volver vengativos y a veces hasta explosivos. Las que más asustan son su ira silenciosa y sus amenazas veladas.

Raras veces, por no decir nunca, los líderes tóxicos asumen la responsabilidad por algo que sale mal. Siempre logran atribuirles el fracaso a otros. Tienen talento para reescribir la historia y forrarse de teflón, no permitiendo que se les pegue nada malo. Les preguntan a los miembros del equipo: «¿Cómo es posible que ustedes dejaran que sucediera esto? Me siento terriblemente desilusionado con ustedes». Quizá la gente salga de una reunión preguntándose: «¿Qué acaba de suceder? ¿Cómo hizo el jefe para que no lo hiriera esa bala?».

NO ENFRENTAN LOS VERDADEROS RIESGOS. Los líderes tóxicos tienden a pasar por alto los problemas que no les importan o los que no los pueden ayudar a verse bien. No se enfrentan con los problemas que son cruciales para la salud de la organización, como los conflictos en medio del personal. Es más, le dicen al equipo: «Peléenlo entre ustedes y díganme después quién gana». Muchas veces se centran en las ganancias inmediatas, descuidando las consecuencias a largo plazo o limitándose a decir: «Con el tiempo, todo va a salir bien». Muchos líderes tóxicos le prestan una atención extrema a la presentación de una imagen según la cual ayudan a la organización a triunfar en el aspecto financiero, pero obvian las realidades de la verdadera situación de las finanzas.

SE VAN ANTES QUE TODO SE VENGA ABAJO. Una cosa que casi todos los líderes tóxicos saben hacer bien es cuándo llega el momento de «marcharse de la ciudad» antes que todo se derrumbe y, como le pasó al mago de Oz, lo descubran detrás de la cortina. Algunos se hacen de una situación financiera envidiable o saltan a una organización mayor donde reciben un puesto de liderazgo y una influencia de más categoría... mientras su compañía anterior limpia las ruinas que dejaron tras sí, ya sea un desastre financiero, problemas legales, una marca desprestigiada o unos sistemas disfuncionales. Lo lamentable es que hay organizaciones que saltan de un líder tóxico a otro porque sus sistemas y sus procedimientos para contratar personal son tan pobres que se vuelven a meter en un aprieto.

CÓMO LIDIAR CON LA GENTE DISFUNCIONAL... SIN VOLVERSE LOCO

¿**H**AY ALGUIEN en tu lugar de trabajo que esté destruyendo su armonía y, sin importarle lo que se diga o se haga, cada vez se vuelve más estridente y discordante? Todos tenemos que lidiar con esos tipos raros que trabajan con nosotros o para nosotros. Ya sean inestables en lo emocional, tuvieran una vida muy difícil o solo tengan mal genio, sus actitudes y excentricidades pueden llegar mucho más allá de ser irritantes. Quizá algunas veces nos encontremos sintiendo el contagio de su negatividad o desconcertados por completo ante unas formas de conducta que carecen de sentido.

Como psicólogo, nuestro coautor Paul White ha trabajado con individuos difíciles en diversos ambientes. Con el tiempo, ha llegado a ver unos patrones comunes de conducta y ha comenzado a describir a esas personas como «disfuncionales». Te puede ser útil comprender su manera de pensar y las reglas que siguen en su vida.

«Disfuncional» significa literalmente que tiene «problemas para funcionar». A las personas con patrones disfuncionales se les hace difícil vivir con las reglas de la realidad; en particular, con la relación entre la decisión, la responsabilidad y las consecuencias. Tienden a *negar* que tomaran una mala decisión, prefiriendo dar excusas o culpar a los demás. Una frase favorita es: «No es culpa mía».

A menudo, incluso cuando los atrapan en el acto de tomar una mala decisión, *desvían* la responsabilidad por esa acción. «Bueno, es que *tú* debías haber...». «Eso no tiene importancia, todo el mundo lo hace...». «Nadie lo va a saber nunca...» o «Ellos se van a encargar de eso».

Diferencias clave entre los individuos funcionales y disfuncionales

FUNCIONALES	DISFUNCIONALES
Honradez, integridad	Engañan, no cuentan toda la historia
Comunicación directa	Comunicación indirecta (hablan «por medio» de otros)
La responsabilidad va antes que los privilegios	Se creen con derechos
Aceptan la responsabilidad por sus decisiones y por los resultados	Culpan a los demás, dan excusas
Posponen la gratificación	Tienen que satisfacer sus deseos en el momento
Viven en realidad de día en día	Escapan de la realidad (televisión, películas, videojuegos, drogas, alcohol, sueño)
Ahorran, pasan sin las cosas	Gastan en exceso, se endeudan
Aprenden de sus errores	Esperan que los rescaten de las consecuencias
Perdonan y abandonan las heridas del pasado	Guardan rencor, venganza
Cumplen sus compromisos	Hacen compromisos de palabra y no los cumplen
Dicen lo que piensan	Tienen agendas ocultas
Son «reales»	Se centran en su imagen y apariencia
Pueden estar en desacuerdo sin entrar en lo personal	Los desacuerdos los llevan al enojo, a los ataques personales y al odio
Mantienen apropiados límites personales	Asfixian a los demás; usan la culpa para manipular

Por último, las personas disfuncionales *desconectan* sus acciones de los resultados que se derivan de sus decisiones. A veces parecen tener en el cerebro algún problema que no les permite ver la conexión entre lo que hicieron y los resultados.

A fin de adquirir una imagen más completa de las formas de conducta y los patrones de comunicación de las personas disfuncionales, te será útil revisar la tabla de la página anterior.

Como sucede con la mayoría de los tipos de personalidad, se pueden encontrar personas disfuncionales en casi todos los niveles de una organización. Sin embargo, mientras más disfuncional sea una persona, casi siempre le es más difícil progresar, sobre todo en las organizaciones saludables donde los empleados y los líderes deben rendir cuentas.

Si trabajas con personas, vas a interactuar con individuos disfuncionales, ya sean clientes, vendedores, trabajadores que te responden a ti directamente, colegas o supervisores.

SEIS MANERAS DE MANTENERSE CUERDO

DIGAMOS QUE TÚ ERES gerente a nivel intermedio y los ejemplos que dimos te recuerdan una conducta tóxica similar a la de un colega tuyo. O tal vez uno de los empleados que dependen directamente de ti interrumpa con frecuencia la labor o quizá hasta te preguntes si un compañero de trabajo no estará loco de veras. ¿Cómo lidias con las acciones imprevisibles e inadecuadas de tus compañeros de trabajo?

Harían falta una gran cantidad de libros para hablar como es debido de este tema, pero aquí tienes seis breves consejos:

NO ESPERES QUE REACCIONEN «CON NORMALIDAD». Hagas lo que hagas, es posible que te culpen a ti, duden de tus decisiones o te digan que hiciste lo más malo que habrías podido hacer, cuando en realidad hiciste algo bueno. Tal vez se enojen si les hablas y se ofendan si no les hablas. Para sobrevivir a esas actitudes, o a la amplia gama de disfunciones de otras clases, el enfoque más sano es dejar de pensar que vas a recibir reacciones sanas.

ACEPTA EL HECHO DE QUE NO PUEDES CAMBIARLOS. Tú tratas de hacerte entender por alguien y piensas: *¡Es que tiene tanto sentido! ¿Por qué será que no se capta?* Trabajar con alguien disfuncional te puede hacer sentir con ganas de gritarle por su obstinación o por algo que tiene toda la apariencia de ser estúpido por completo. No obstante, lo cierto es que ya puedes decir o hacer lo que quieras, porque es poco probable que esa persona te escuche o que cambie. Tú tienes la experiencia y la sabiduría, y tu vida está en mucho mejor estado, pero esta persona te hace estallar. Después de hacer lo que es bueno y sincero, no pierdas el sueño.

¿Todo esto parece irremediable? ¿Acaso la gente no puede cambiar? Sí, puede cambiar. Aun así, primero tiene que decidir que quiere hacerlo. Y muchas veces las personas con patrones gravemente enfermizos necesitan chocar con el muro de la realidad; con el hecho de que sus creencias acerca de la vida y su manera de vivir no resultan porque no están de acuerdo con la forma en que funciona el mundo. Además, muchos luchan con problemas de salud mental que distorsionan su percepción de la realidad y bloquean los esfuerzos por producir un cambio.

ESTABLECE UNOS LÍMITES CLAROS. Sé categórico acerca de lo que harás y lo que no harás. Tal vez los oigas decir: «Tú tienes que arreglar esto porque ayudaste a hacer que saliera mal», o que si fueras una buena persona, «me ayudarías a resolver esto aunque solo por esta vez», aun cuando veas un patrón de malas decisiones. Por lo general, tratamos de cambiar a la otra persona o cedemos ante sus exigencias, pero ceder refuerza sus patrones disfuncionales. Piensa con detenimiento en tus límites y después comunícalos con claridad.

NO ACEPTES UNA FALSA CULPA. Es posible que se te culpe por los problemas de otra persona o te hagan sentir culpable por no hacer lo suficiente, aunque todo lo que pudiste hacer fue controlar los daños. Muchas personas disfuncionales son muy hábiles en esto de hacer sentir culpables a otros; así que quítate esa carga de los hombros.

NO LO TOMES COMO ALGO PERSONAL. En las situaciones tóxicas, no siempre es fácil poner distancia emocional. No obstante, así como un soldado no se sorprende cuando alguien le dispara, un gerente no debería sorprenderse cuando suceden cosas molestas. Los ataques personales y la conducta nociva pueden hacer que perdamos el equilibrio, pero trata de recuperar la perspectiva adecuada al tener en cuenta su fuente.

CONSIGUE EL APOYO DE GENTE FUNCIONAL. Cuando tengas que lidiar con una persona disfuncional, tal vez te sientas «confuso» y te preguntes hasta qué punto manejas bien la situación. Tal vez pensaras que lo tenías todo bajo control, pero ahora no estés tan seguro. ¿Estás pensando con claridad y reaccionando de la manera adecuada? Acude a unos colegas serios que te puedan ayudar a pensar las cosas en detalles.

LISTA PRÁCTICA DE ESTRATEGIAS DE SUPERVIVENCIA

PARA FÁCIL REFERENCIA, reunimos las estrategias de supervivencia que fueron apareciendo al final de los capítulos, las ampliamos un poco y añadimos otras. Tal vez encuentres algunas relevantes para tu situación.

Un jefe tóxico

ADQUIERE PERSPECTIVA. Revisa las diez características que te señalamos acerca de los jefes tóxicos. Si tu jefe tiene unas cuantas, es posible que necesites trasladarte lo antes posible. Por otra parte, si tu jefe tiene frustrantes rasgos de personalidad pero no te sientes paralizado ni humillado, tal vez puedas encontrar maneras de adaptarte. Busca a alguien que sea objetivo y sabio. Háblale en detalles lo que te sucede, y después escúchalo en cuanto a unas formas nuevas de ver los pasos de acción que puedes dar.

MANTÉN A RAYA LA AMARGURA. Trabajar para un jefe tóxico no solo nos puede hacer enojar (lo cual podría ser una «invención» útil si se usa con sabiduría), sino que nos amarga de tal forma que nos puede convertir también en alguien tóxico. Encuentra formas de alimentar tus reservas internas y de adquirir una perspectiva mejor. Desarrolla la tenacidad, pero resístete ante el resentimiento lleno de amargura. No permitas que un mal liderazgo comience a amargar al tuyo.

ENFRENTA TUS TEMORES. Todos los tenemos, y demasiado a menudo andan merodeando por nuestro interior, agotando nuestra fuerza de voluntad y nublando nuestros pensamientos. Sácalos a la superficie, enfréntate a ellos y redobla tu valentía buscando recursos que te desafíen y te inspiren.

TEN LA FRENTE EN ALTO. Clayton, a quien vimos en nuestro primer capítulo, tenía muy poca experiencia para saber que si dejaba que su tóxico jefe lo humillara una vez, le daría luz verde para humillarlo de nuevo. En el segundo capítulo, Anna se le enfrentó con firmeza a su jefe cuando se da cuenta de que ella podría ser su próxima víctima. Rechaza la cultura del temor. Establece límites claros.

DESVÍA LA CORRIENTE MORTAL. Considera como otra idea la de Anna, quien estaba en una posición para disminuir la corriente nociva que fluía hacia los demás. Ella decidió hacer cuanto pudiera. Tal vez tú también puedas reducir de alguna manera la toxicidad o impedir que parte del veneno alcance a otros.

¡Anhelas renunciar!

MIRA A TRAVÉS DE LA NIEBLA. Muchas de las historias de trabajadores que hay en este libro ilustran la importancia de averiguar lo que está pasando contigo lo antes posible. Cuando ya te sientas con ganas de renunciar, es posible que hayas gastado demasiado tu vida en una situación tóxica. Busca claridad con respecto a lo que sucede en realidad, y consulta con tus bases de apoyo y comprensión.

HAZTE LAS PREGUNTAS DIFÍCILES. ¿Acaso te estás dando por vencido y echándolo todo a rodar demasiado pronto? Son muchas las personas que se encuentran en las fuerzas laborales que tienen jefes difíciles y trabajan con gente desagradable. Estudia todos los principios para tratar con los malos jefes y los trabajos terribles que te puedas encontrar en línea y en tu biblioteca.

EVALÚA TUS OPCIONES. Muy bien, estás bien decidido a marcharte. En la mayoría de los casos, una renuncia crea toda clase de repercusiones y algunas veces lleva tiempo hacer la transición. Haz una cuidadosa evaluación de todas tus posibilidades, aun si te parecen pocas. Consulta tu red de conexiones para que te den ideas y opiniones.

ESCUCHA A TU CUERPO. Ruth y Bill, en el primer capítulo, decidieron por fin que el cheque de su sueldo no era tan importante como su salud física y mental, así que renunciaron... pero no antes que su salud mental y física sufrieran serios daños. Cuando tu cuerpo insiste en quejarse, es hora de poner ese plan de acción a toda marcha.

ENFRENTA EL DESEMPLEO SIN RODEOS. Michael Gill insiste en su libro acerca de *Starbucks*, mencionado en el capítulo 3, que el trauma de perder su trabajo, que al principio fue devastador, terminó siendo lo mejor que le había pasado en toda su vida. El desempleo puede ser difícil y hasta catastrófico, pero sucede. Ya sea que estés en un trabajo fortalecedor o explotador, haz acopio de todo tu valor y mantente listo para ver lo que sucede en el próximo conjunto de retos y en la siguiente aventura.

Tu lugar de trabajo es una zona de guerra

RECONOCE EL DOMINIO DE LAS EMOCIONES. Los psicólogos señalan que somos más emocionales que racionales.

Aunque tal vez pensemos que funcionamos mediante la lógica y el sentido común, muy a menudo actuamos y reaccionamos a partir de nuestros sentimientos. Cuando las emociones enturbian las aguas, respira hondo y deja que sean la gratitud por las cosas buenas y tu sentido común los que tomen el control y te calmen.

RESÍSTETE A LA VENGANZA. Florence Nightingale aconsejó mucho tiempo atrás: «No te enredes en ninguna guerra de papeles». Hoy en día, ten cuidado con las guerras de correos electrónicos... pueden acrecentar tus problemas. Como lo indica un proverbio chino, el camino de la venganza significa que cavas dos tumbas, y una de ellas es la tuya.

CREA TU PROPIA AGENDA. No dejes que los demás determinen tus reacciones. Si tus compañeros de trabajo están creando una «infección en el personal» con chismes y guerrillas internas, o si te están humillando y esparciendo veneno, escupe ese veneno antes que pueda invadir tu cuerpo. Desarrolla formas positivas de reaccionar.

«TACHA» LOS ATAQUES. Oswald Chambers dijo algo que llamó una clara realidad: «Sin la guerra, la vida es imposible». Describía la salud como «algo que exigía suficiente vitalidad interna contra las cosas externas». Así como nuestro cuerpo lucha contra los gérmenes, a lo largo de la vida nos tenemos que enfrentar a toda clase de «cosas mortales». Chambers dice que necesitamos alimentar nuestra fortaleza espiritual para «eliminar las cosas que vienen en contra de nosotros», una manera interesante de pensar de nuestra respuesta con vitalidad a los ataques o reveses inesperados.

AYUDA A LOS HERIDOS. Si te están atravesando unos cuchillos verbales, piensa que es posible que otros también estén sangrando. Acércate a ellos con un rayo de esperanza o con un buen consejo que los podría ayudar y que al mismo tiempo puede levantar tu propio espíritu.

DERRAMA ACEITE SOBRE AGUAS TURBULENTAS. La contaminación de las actitudes es algo contagioso, pero también lo es el espíritu positivo. ¿Son cosas comunes y corrientes el sarcasmo y la difamación? Contrarréstalos con la gratitud y el aprecio de todas las formas que puedas. Es de esperar que logres encontrar otras personas que tengan una mente y un espíritu semejantes a los tuyos, que te puedan ayudar a desactivar esos mortales explosivos.

Los conflictos, las sobrecargas y el agotamiento

COMPRENDE LA NATURALEZA DEL ESTRÉS. Experimentamos estrés cuando lo que se nos exige es mayor que los recursos que necesitamos para realizarlo. Aun así, nuestra percepción personal puede aumentar nuestro estrés. Tenemos que aprender a manejar nuestras expectativas.

HAZ ALGO FÍSICO. Para esos de nosotros que ponemos los ojos en blanco cuando se nos exhorta a mantenernos en forma, las últimas investigaciones señalan con abundante claridad que añadirle aunque sea un poco de ejercicio a una vida sedentaria es algo que puede marcar una notable diferencia. Un ejecutivo dijo: «El ejercicio es la pieza más fácil del rompecabezas. Para mí, es la que me ha dado una gran recompensa».

CREA HÁBITOS QUE FORTALEZCAN. Un hombre de unos setenta y cinco años que había creado una gran corporación multimillonaria nos sorprendió con su franqueza acerca de sus rutinas personales. «Todo está en la creación de los hábitos adecuados», nos dijo, «y yo aún sigo trabajando en ellos en estos momentos». Un maestro nos oyó mencionar esto y se unió a la conversación. «Así soy yo también. Hace años me escribí una tarjeta recordatoria que decía: "¿Qué buen hábito ayudaste a crear HOY?". Sigo esforzándome por hacerlo... ¡y vale la pena!». A lo largo de la vida, los hábitos nos pueden liberar y fortalecer, contribuyendo a nuestra capacidad para manejar los inevitables sufrimientos y presiones.

RECONOCE QUE LOS HÁBITOS SUPERAN A LA FUERZA DE VOLUNTAD. ¡Recientes investigaciones señalan que todos tenemos una fuerza de voluntad muy limitada! Aquí es donde entran en acción los hábitos. Los necesitamos para que actúen cuando se debilite nuestra fuerza de voluntad. El notable poder que tienen unos buenos hábitos físicos, mentales y espirituales es algo bien documentado. A veces podemos desalentarnos en nuestras fallas para mantener resoluciones, pero como este exitoso ejecutivo de setenta y tantos años, descubriremos que los hábitos nos fortalecen cuando nuestro cuerpo en piloto automático hace lo que queremos que haga en nuestros mejores momentos.

Nuevos jefes superiores

ESTÁ ATENTO A LAS SEÑALES DE ADVERTENCIA. Los cambios siempre se van acelerando, y hasta en las mejores de las organizaciones, las nuevas exigencias, las transiciones y el incumplimiento de las expectativas causan la tentación de hacerles un cortocircuito a las mejores prácticas. Cualquiera que sea tu puesto, si ves algo que te molesta, analiza con detenimiento tus mejores prácticas personales a la luz de lo que está sucediendo.

APOYA LOS VALORES DECLARADOS. Casi todas las organizaciones tienen por escrito sus compromisos de valores. Evalúalos con sumo cuidado y compáralos con lo que ves que sucede. Apoya a los nuevos líderes y concédeles el beneficio de la duda, pero sé consciente de cuáles deben ser sus compromisos.

COMPARA LAS MEJORES PRÁCTICAS. Si te estás preguntando si lo que sucede en tu lugar de trabajo es solo «una consecuencia lógica», observa lo que sucede en otras partes. Conéctate en una red para obtener una imagen de la química y la dinámica existentes en otras organizaciones similares.

REMA TÚ TAMBIÉN. Tal vez tú tengas poder para mantener a la organización en su curso correcto, y tal vez no. Pero como lo indica el viejo dicho acerca de lo que sucede cuando la gente buena no hace nada, meter tu remo en el agua podría marcar la diferencia que se necesita.

Los cambios tóxicos

TRAGA EN SECO Y SÉ ÁGIL. Las adquisiciones, las interrupciones en el mercado, la presencia de nuevos líderes... Es sorprendentemente común que unos lugares de trabajo magníficos y hasta excelentes desciendan al lado oscuro, como vimos en el capítulo 7. A veces es algo que se produce con rapidez. Por ejemplo, un amigo que conocíamos bien, creó una gran corporación multimillonaria y después le pasó su título de jefe ejecutivo a su hijo, quien despidió de inmediato a veintenas de los gerentes principales que su padre escogió de manera personal. Las acciones de la compañía se derrumbaron y miles de empleados quedaron atrapados en medio de aquel torbellino. El caos puede estallar de repente en los lugares más inesperados, y los que se hallen preparados de manera mental y espiritual serán los que mejor sobrevivan a las tormentas. No permitas que las glorias del pasado afecten tu decisión de liberarte si es lo que necesitas hacer.

PONTE FUERTE. La fortaleza mental y la espiritual van juntas. Profundiza tu compromiso con tus valores más esenciales y analiza en tu mente las formas concretas en que puedes tomar medidas positivas. Lee un libro como *Stress for Success* o *Toughness Training for Life*, de James Loehr.

PROSPERA CON LOS CAMBIOS. Muchos de nosotros nos cansamos de oír esa mantra, en especial cuando nos tenemos que enfrentar a unos cambios que interrumpen lo que más estimamos. No obstante, la incansable aceleración de los cambios nos exige flexibilidad, cualesquiera que sean nuestras habilidades y nuestros papeles. Nos precipitamos hacia el futuro, y el futuro pronto será una cultura muy diferente. Como los inmigrantes que llegan a una tierra que tiene otras costumbres y hablan otro idioma, necesitamos adaptarnos siempre y cultivar una mentalidad que mantenga tanto nuestra integridad como nuestra capacidad para contribuir.

Visita www.appreciationatwork.com/toxicworkplaces, donde encontrarás recursos adicionales.

EL ABUSO DEL CÍRCULO DE PODER
UNA ENTREVISTA CON UNA DOCTORA/GERENTE/ PROFESORA QUE LO EXPERIMENTÓ

EN NUESTRA INVESTIGACIÓN para este libro, consideramos a la Dra. Lauretta Young como la persona perfecta para una entrevista. ¿Qué otra es doctora en medicina con una gran experiencia en gerencia que les enseña a los que estudian maestría en administración de empresas a ser líderes íntegros... y que ocupó una posición cimera en una gran organización del cuidado de la salud... y que experimentó en lo personal la devastación corporativa producida por un jefe ejecutivo tóxico?

La Dra. Young aporta toda una riqueza de ideas y de profundidad profesional a cualquier comentario que se haga sobre los lugares de trabajo actuales. Ha supervisado la capacitación para el cuidado de la salud y la calidad en la gerencia, y ha sido jefa de un departamento con más de doscientos cincuenta médicos. Es certificada por el consejo en psiquiatría y neurología, y es la actual directora de resistencia de los estudiantes y profesora en el programa de maestría en administración de empresas relacionadas con el cuidado de la salud en la universidad de servicios de la salud de Oregón. Lo que sigue es una versión condensada de varias de nuestras conversaciones.

Usted fue jefa de salud mental en una gran organización de salud. Díganos lo que sucedió.

Los retrasos en la facturación resultaron en la pérdida del treinta por ciento de los ingresos, y eso provocó que se tomaran decisiones catastróficas. La junta contrató a un nuevo jefe ejecutivo que, en lugar de dedicarse a resolver los problemas sistémicos, culpó a los gerentes y a los médicos. Despidió a personas que le habían entregado toda su vida a la compañía y se perdió una memoria de organización que era crucial. El nuevo líder se dedicó a culpar. Fue despiadado.

¿Qué tan grave fue el daño?

Cuando yo era la jefa, había muy poco movimiento de personal. En los cuatro años que han pasado desde que me marché de allí, se ha renovado el cien por cien de los psiquiatras, lo cual ha significado unos costos astronómicos para la compañía. Los psiquiatras se marcharon porque los maltrataban.

El proveedor con el que estoy ahora, sufría el mismo estrés: disminución de ingresos, escasez de enfermeras, pero a la gente de aquí le agrada venir a trabajar, se le trata con justicia y la compañía recibe como recompensa su creatividad y su productividad.

Lo más tóxico de todo fue que el nuevo líder trató de encontrar uno o dos chivos expiatorios a quienes echarles la culpa, en lugar de resolver los problemas. Esto lo he visto suceder con regularidad. Un narcisista con carisma convence a una junta de directores de que él puede resolver sus problemas. Entonces, encuentra gente a la cual echarle la culpa, en lugar de identificar los problemas sistémicos, y preparar y fortalecer a los que se encuentran en primera línea.

¿Cómo manejó usted personalmente todo esto?

Me di cuenta de que no estaba atrapada, y que había creado unos núcleos de apoyo y de seguridad. Uno no tiene por qué beberse el jugo envenenado y siempre hay alguien con quien andar. Sin embargo, cuando vi con claridad que me tenía que marchar, fue muy triste. Me agradaba el trabajo y estimaba a la gente, pero el nuevo liderazgo pensaba que la gente era desechable.

Hay una gran cantidad de evidencias y de investigaciones basadas en compañías reales que indican que la inversión en las personas significa que la compañía funciona un cincuenta o un sesenta por ciento mejor. Esto es algo sabido. No obstante, también hay gente con un espíritu mezquino, carente de empatía, que controla algunas de esas organizaciones. Este tipo de gente tiene serios trastornos personales. Nosotros decimos que son «divas» que dirigen compañías.

Lo lamentable es que hay muchas historias como esta, y tal parece que las juntas nunca acaban de aprender.

¿Cómo pueden acertar los síndicos que deben tomar estas decisiones?

Necesitan separar las características personales de los problemas sistémicos, y las malas formas de conducta ocasionales de los patrones de conducta. El poder puede corromper. Lo que me encanta en la serie de películas de «El señor de los anillos» es la verdad de que algunas personas llevan mejor el anillo del poder. Está claro que hay líderes que son unos acosadores ineptos y que necesitamos unos sistemas fuertes para no permitir que se produzca el abuso del poder.

Usted mencionó que hoy en día nos enfrentamos a unas serias consecuencias imprevistas debido al movimiento de la autoestima. ¿Cómo han contribuido estas consecuencias a los problemas en los lugares de trabajo?

Cuando uno les dice una y otra vez a los niños y a los jóvenes adultos que son buenos hagan lo que hagan, cuando uno les da trofeos por cualquier cosa, hay algunos de ellos que se vuelven narcisistas y culpan a los demás por sus propios fallos. No les hemos enseñado como es debido la inteligencia emocional, a fin de modular su ira y sus demonios interiores.

¿Qué les enseña a sus estudiantes en sus clases para la maestría en administración de empresas? ¿Qué les advierte y qué medidas pueden tomar?

Nuestro curso se diseñó para hacer que la gente aprenda a pensar de una manera diferente, de modo que evite la trampa del «pensamiento común». Las personas se quedan estancadas en la visión de los problemas desde un solo punto de vista, lo cual las lleva a errores en sus juicios, reacciones y conclusiones.

Por ejemplo, un administrador concluyó que un médico tenía problemas con un exceso de hospitalización porque los datos mostraban que tenía una proporción significativamente más alta de admisión de pacientes. No obstante, lo que sucedía era que este médico trabajaba con frecuencia en la sala de urgencias los viernes por la noche y tenía una serie diferente de problemas en los pacientes, entre ellos los de violencia, drogas y alcohol. Este administrador en particular tenía la reputación de ser un acosador, que atacaba de palabras a las personas y veía los problemas desde un punto de vista basado en la necesidad de culpar a alguien.

Nosotros les enseñamos a los estudiantes a no caer en la trampa del «pensamiento común» de ver las cosas desde una sola perspectiva. Podemos disminuir la toxicidad de los lugares de trabajo si les proporcionamos más recursos, y uno de ellos es ver los problemas desde diferentes ángulos.

También enseñamos acciones específicas y habilidades para relacionarse de manera eficaz con los demás en el lugar de trabajo. Les damos una enorme cantidad de artículos sobre asuntos de negocios y otras investigaciones que les muestra cómo tratar los resultados de la labor de su gente con unos resultados financieros significativamente mejores.

Mi autora favorita es Jody Gitell, quien escribió *High Performance Healthcare* (2009). Por ejemplo, si los empleados se comunican de una manera respetuosa y precisa, y dentro de un marco realista de tiempo, es más probable que consigan mejores resultados como respuesta a sus solicitudes e indicaciones. Este estilo de comunicación se halla en correlación directa con el provecho económico y con la retención del personal. Nosotros usamos un grupo de artículos de la *Harvard Business Review* que apoyan esta investigación.

Tratar con respeto a las personas no es lo mismo que ser «blando», sino que es el fundamento de la rentabilidad de un negocio. El presidente de mi departamento les dice a mis estudiantes: «Bienvenidos a la revolución; la revolución para crear excelentes prácticas en los negocios y mejorar los resultados financieros».

Durante nuestras entrevistas, un número notable de profesionales bien situados nos ha hablado de las formas en que los han humillado unos profesionales de la salud con altas credenciales.

Muchas personas, cualquiera que sea su preparación profesional, tratan mal a los demás. Algunas lo hacen por ignorancia, otras por mezquindad, y es probable que algunas solo sean personas malvadas. Nosotros nos centramos en el grupo de los «ignorantes» para cambiar su forma de relacionarse con otros. Tratamos de disminuir la cantidad de lugares de trabajo tóxicos al darles a las personas unas habilidades positivas que tengan sus raíces prácticas basadas en investigaciones sólidas. Por ejemplo, usamos su libro *Los cinco lenguajes del aprecio en el trabajo*.

Si aplican a su práctica unos principios positivos, pero se encuentran en un lugar de trabajo donde hay un jefe o un colega tóxico, ¿cómo deben reaccionar?

Deben evaluar hasta qué punto esto les afecta. En lo personal, uso el test del «vampiro de energía»: ¿me siento como si me hubieran chupado toda la sangre después de una interacción con esta persona? ¿Me siento victimizado?

Nosotros les enseñamos a nuestros estudiantes a preguntarse: «¿Qué haría que una persona razonable actuara de esta manera?». La conducta no se basa siempre en el individuo mismo, sino que incluye problemas que se derivan de unas cuestiones sistémicas más amplias.

También hablamos mucho acerca de «liberar a sus adversarios». En primer lugar, ayudamos a los estudiantes a identificar a sus aliados y sus adversarios. Después tratamos de ayudarlos a determinar cuándo necesitan «liberar a su adversario», lo cual puede significar: (a) dejar la organización, (b) reducir la cantidad de interacción con esa persona, o (c) liberarlo de manera psicológica.

¿Qué otro consejo acerca de su trabajo les ofrece?

Muchas personas se sienten atrapadas por diversas razones en culturas de trabajo tóxicas, y tienen una gran esperanza de que las cosas estarán al menos bien. Aun después que sucedieron diez o doce cosas malas, todavía tienen esperanza, y sienten: «Es de suponer que esto no debería suceder». Es asombrosa la cantidad de cosas malas que tienen que pasar antes que algunos se marchen. Muchas veces, pagan un precio por retrasar demasiado su salida.

A partir de mis experiencias de los últimos diez años, yo les digo a mis estudiantes: «Nunca se sabe. Es posible que ustedes se sientan felices en su trabajo, pero no den por sentado que las cosas seguirán así para siempre. Desarrollen ahora su red de contactos. Podría suceder que alguien comprara su compañía, o que el dinero se convirtiera en el valor primordial, o que se contrataran los trabajos en el extranjero, y la cultura podría cambiar de inmediato. Tengan siempre preparado el paracaídas para su carrera».

Para muchos, esto es una revelación.

PRADOS VERDES Y JEFES ESTUPENDOS

EN LA OSCURIDAD, buscamos fuentes de luz. Mientras avanzamos con dificultad por un pantano tóxico, el hecho de vislumbrar un verde prado frente a nosotros nos levanta el espíritu y amplía nuestra perspectiva.

Antes de comenzar este libro, nunca nos imaginamos que hubiera tantos jefes tóxicos. No obstante, los empleados también nos describieron a muchos jefes buenos y hasta algunos que eran excelentes. ¡Bueno es saberlo!

Si les preguntas a las personas si alguna vez han tenido un jefe tóxico, lo más probable es que te sorprenda saber cuántos los han tenido. En cambio, si preguntas acerca de los jefes *buenos*, es muy probable que escuches una gran cantidad de descripciones inspiradoras.

Nos agradó lo que Sue Marsh, directora de planificación en *Navitas Wealth Advisors*, nos dijo acerca de la seguridad que siente por saber que su jefe es una persona íntegra. Aquí tienes lo que dijo:

> Dos años después de salir de la universidad, descubrí que un cliente había atravesado la línea desde una planificación enérgica de sus impuestos, hasta una violación de las leyes sobre los impuestos. Bruce, mi jefe, no vaciló, titubeó, ni pestañeó; solo declaró con serenidad: «Si no están dispuestos a arreglar esto, nos marchamos; ni siquiera entramos allí». La reacción de Bruce me quedó grabada: «No entramos allí, punto».
>
> Más tarde, otro jefe llamado Mike quiso proteger a los nuevos empleados. Nosotros operábamos en un ambiente en el que había que resolver las cosas por nuestra cuenta. Si aprendías con rapidez y no cometías errores, te daban un ascenso; si no, te tenías que marchar. Mike se cansó de observar tanto fracaso por parte de unos jóvenes talentosos, así que creó

una guía para facilitarles la transición desde la universidad hasta el cubículo.

George, mi jefe actual, siempre escoge la mejor solución para un cliente, aunque haya una alternativa perfectamente aceptable que le podría generar más dinero. «Esta es la mejor opción», dice. «Dios va a honrar esta decisión».

Trabajar junto a un jefe íntegro es algo que fortalece. Saber que va a hacer lo que sea adecuado, aunque le cueste, me da la libertad de hacer también lo que sea adecuado, sin temor a las repercusiones... ¡y me permite jactarme de mi excelente jefe mientras otros se quejan!

Nos pareció reconfortante la frecuente y profunda apreciación por los buenos jefes. Para levantar tu mirada y tu espíritu, he aquí unos breves perfiles hechos por unos empleados de seis jefes a los que estiman mucho:

EL PODER MAGNÉTICO DE LA HUMILDAD
El dueño/editor

DURANTE DÉCADAS, hemos estado oyendo hablar de «jefes ejecutivos codiciosos». Sin embargo, muchos jefes ejecutivos que han triunfado tienen una fuerte fe y se preocupan de manera profunda por sus empleados y sus comunidades. Un escritor de una compañía en comunicaciones nos habló de su estupendo jefe, y aquí tienes una corta versión de todo lo que ansiaba decirnos.

En nuestra compañía, todo el mundo les podría decir lo humilde que es nuestro fundador. Es quien escribió todos esos libros que han sido superventas y ha hecho todas esas cosas tan asombrosas, pero admite de inmediato su debilidad y escucha con atención a su junta, aunque no lo tenga que hacer en realidad. Cuando va por los pasillos, siempre nos sonríe. En su oficina, piensa con detenimiento en nuestro problema y nos da ánimo como si fuera nuestro padre en cuanto a la manera de manejarlo. Todo lo que le interesa es dar, no recibir.

¿Y el dinero? Se siente orientado hacia el cumplimiento de su misión, y se considera responsable del uso de su dinero para hacerles el bien a los demás. Tiene un auto pequeño para poder dar cantidades mayores, entre las que van incluidas cantidades notables para los necesitados de nuestra comunidad. Mientras nosotros, los que formamos el personal, trabajamos duro para llevar a la práctica los valores que él ha hecho integrales en nuestra compañía, sentimos una gran gratitud por poder colaborar en el logro de las metas de la corporación. Todos estamos en la misión de ayudar a cumplir las dignas metas que él se toma tan en serio y que definen su propia vida.

DIRIGIR AL EQUIPO CON LAS MANOS SUCIAS
La supervisora de las enfermeras

EN UN CAPÍTULO ANTERIOR, Melanie nos relató la historia de la enfermera colega suya que recibió un ascenso que iba más allá de su competencia. Aquí describe lo que es trabajar bajo una supervisora diferente que se mereció por completo su ascenso.

Anita hace que todos los miembros del equipo nos sintamos valorados y apreciados. Nuestros cirujanos realizan toda clase de operaciones, desde los dedos de los pies hasta las cataratas, las operaciones a corazón abierto y las del cerebro. Tienen que tener lo que necesitan para trabajar, y se enojan cuando no se ha pedido algún instrumento o no se ha preparado de manera adecuada a un paciente en cualquiera de los incontables detalles que se necesitan en un quirófano. Cuando uno de ellos se le queja a Anita, ella no da por sentado que nosotras cometimos un error. Investiga la situación y nos defiende siempre que puede.

Es estupendo trabajar con la mayoría de nuestros médicos, pero sus fuertes personalidades pueden chocar con las fuertes personalidades de la gente del quirófano. Aceptamos la autoridad de los cirujanos, pero algunas veces nos quedamos echando humo. Anita tiene que actuar a la vez como diplomática y como la que soluciona problemas, al mismo tiempo que hace que todo vaya funcionando de la manera debida.

Es una excelente jefa, porque tanto si estamos manejando la máquina para el corazón y los pulmones como si estamos trapeando el suelo o llevando los tubos de la anestesia, ella está allí mismo en medio del trabajo con nosotras, lista para cargar con un paquete de toallas o encontrar algo perdido. Está sobre el terreno como un miembro más del equipo.

ESPERAR LO MEJOR DE LOS EMPLEADOS
El quiropráctico

ANTES EN EL LIBRO, Hannah describió cómo las actitudes negativas se desarrollan incluso en una oficina «agradable y acogedora», y cómo resolvió el problema de su propia irritabilidad. Ella le tiene un gran respeto a su jefe, y nos dijo por qué su oficina de quiropráctica es un lugar donde es grato trabajar:

> Es posible que el doctor James sea silencioso a veces, pero siempre es un hombre alegre. Te pregunta: «¿Cómo te va en tu estupendo día?». Los pacientes se sienten en familia y lo estiman mucho. No estamos en una situación de vida o muerte, sino que solo hacemos que los pacientes se sientan mejor.
>
> Abraza a la gente, y tiene una personalidad única. Por ejemplo, yo les tengo que advertir a los nuevos pacientes que él les da nombres divertidos a las personas, pero siempre con una sonrisa amistosa. A su esposa la llama «mi encanto», y si le preguntamos: «¿Cómo está hoy su encanto?», nos contesta: «Está encantadora como para caerse muerto». En nuestra oficina se habla mucho del matrimonio, pero de una manera positiva, que es justo lo opuesto a lo que sucede en algunos lugares donde trabajé.
>
> Él es un hombre humilde. En el cuarto donde hacemos la terapia y el análisis técnico, está allí con nosotros y nos ayuda. Y

algo muy importante para mí: el doctor James da por sentado que sus empleados le van a dar lo mejor. Cuando me tiene que decir algo que es duro de escuchar, me dice: «No pierdas el sueño con lo que te voy a decir». Cuando me tuve que marchar de repente porque mi esposo tuvo una emergencia médica, a diferencia de otro jefe que tuve antes, él se sintió muy preocupado por nosotros. No obstante, también le interesa que siga entrando el dinero. Se mantiene al tanto de los seguros y de la forma en que se mueve el papeleo. Antes de graduarse de médico, fue chofer de un camión de distribución de pan, así que sabe lo que es el trabajo y a lo que nosotros nos tenemos que enfrentar.

INSPIRAR A UN EQUIPO TÉCNICO SUPERIOR
El gerente de estrategia con los productos

CON SU TÍTULO DE INGENIERÍA y sus habilidades en la comunicación, Roberto ha tenido una larga y exitosa carrera en la IBM y en otras compañías dedicadas a la tecnología. Viaja al extranjero para representar a su compañía y para resolver los problemas que surgen. Aquí tienes lo que dice acerca de su jefa actual:

Marge admite que es obsesiva-compulsiva, pero nunca se queja. Entre las otras mujeres de la oficina hay mucha tensión y muchos choques, pero ella se mantiene enfocada en las tareas y en el fortalecimiento del equipo. Le agrada colaborar. Cuando hacemos juntas las presentaciones a los clientes, ella hace más de lo que tiene la obligación de hacer, pero nunca exige un reconocimiento para sí sola. Se asegura de compartirlo.

Mi jefa piensa que soy excelente: Marge hace que todos los que formamos el equipo nos sintamos de esa manera. A mí me inspira a trabajar más fuerte que en ningún otro momento de mi vida, ¡y me encanta hacerlo!

UN GRAN RESPETO, TANTO PARA EL DUEÑO COMO PARA EL EQUIPO

El capataz

RON HA ESTADO TECHANDO casas y edificios de oficinas durante décadas, y ha trabajado para un número incalculable de jefes. Nos dice que el capataz de mediana edad al cual se reporta ahora, es el mejor de los mejores. He aquí lo que nos dijo acerca de su jefe:

George se enfoca en gran medida en hacer el trabajo, pero a nosotros no nos lleva a la fuerza. Manifiesta un inmenso respeto por nuestro grupo de ocho hombres y por el dueño. El capataz que había antes que él hacía observaciones despectivas acerca del dueño y se quejaba, pero George no hace eso. Su respeto en ambos sentidos ayuda a que seamos un equipo al que le agrada trabajar unido. Estos hombres vienen de una agencia, así que raras veces se les respeta.

George no solo nos observa trabajar, sino que colabora mucho, y es mejor que cualquier otro usando una pistola de tornillos. Ahora estamos trabajando en el techo de una gran tienda *K-Mart* y, como el tiempo va cambiando, George nos dijo: «Cada vez que quieran trabajar, vayan a trabajar». ¡Eso sí que es confianza! La semana pasada fui con mi pistola de calor para sellar algunas cosas durante un par de días, y el lunes tengo planes de asegurarme de que a él le parezca bien lo que hice. Tenemos que trabajar para mantener la confianza.

Todo nuestro equipo se siente optimista. Uno de los trabajadores se cayó del techo la semana pasada y salió lesionado. La tarjeta que todos firmamos para él demostraba cómo nos sentíamos: con un gran respeto, aprecio y confianza mutua, y es George el que sigue haciendo que esto sea posible.

LA APLICACIÓN DE LOS PRINCIPIOS DE LOS NEGOCIOS AL MINISTERIO
El negociante con una segunda profesión

LEWIS TRABAJA en un ministerio de jóvenes que ha tenido que batallar a menudo a causa de problemas financieros y de gerencia. Sus líderes consiguieron un hombre de más de cuarenta años que estuvo dispuesto a dejar a un lado su negocio para trabajar con su presidente, a fin de estabilizar la organización. Aquí tienes cómo lo describió Lewis:

> Owen no necesitaba hacer aquel cambio; triunfaba en el mundo de los negocios. Trabajar por el salario del ministerio, con cuatro hijos para enviar a la universidad, debe ser un problema para su familia, pero él está muy feliz por el hecho de haberse convertido en uno de nosotros.
>
> Me encanta trabajar con él. Está lleno de ideas y piensa de maneras poco convencionales, además de comprender que hay que tener fondos para hacer las cosas, o bien generar los ingresos que se necesitan. Me lleva con él cuando explora las oportunidades de alto nivel y cuando se desarrollan, me las entrega a mí... pero se mantiene en contacto conmigo. Me ayudó a contratar algunas personalidades muy fuertes, y los proyectos que él ha iniciado han levantado de manera significativa nuestros ministerios.
>
> Owen es muy espiritual y vulnerable. En una ocasión nos dijo que a veces se sentía aburrido en la iglesia, pero que se culpaba por no acudir a ella con un espíritu de adoración. ¡Ese hombre es auténtico!

«LO QUE A MÍ ME RESULTÓ»
CÓMO UNOS VERDADEROS GERENTES LIDIAN CON SITUACIONES DIFÍCILES

¿QUÉ SUCEDE en estos momentos en tu lugar de trabajo? Lo más probable es que te enfrentes a fuertes desafíos, y si alguno de ellos incluye vapores tóxicos, de seguro que agradecerás las ideas de unos gerentes que se encuentran en plena batalla. Por eso te mostramos algunos de los aprietos que encontramos en nuestras entrevistas con unos considerados gerentes que estuvieron dispuestos a decirnos lo que habrían hecho, o hicieron, en esas circunstancias. Tal vez te sean útiles las sugerencias de estos gerentes en cuanto a qué hacer si te encuentras en ellas:

Atrapado entre un jefe tóxico y los empleados que se reportan a ti directamente

JA, JA, JA, ESO ES justo lo que me ha tocado en la vida. Todos los días trato de ser el líder que se merece mi personal. Me preocupo de manera personal y profesional por ellos, y eso se manifiesta en la cohesión que existe en nuestro grupo de trabajo. No puedo cambiar a mi jefe, así que me limito a tratar de alejar a mi personal de la toxicidad que manifiesta. Cuando «se cuela algo de lo suyo», saben de dónde procede y lo resolvemos entre todos. Tratamos de no permitir que nos aplaste y, hasta cierto punto, esto se ha convertido en una broma. Cuando le presento cuestiones difíciles a mi jefe y le sugiero soluciones, raras veces me responde, pero mi personal sabe que por lo menos lo he intentado. Agradecen mi esfuerzo porque saben que trato de mejorar las cosas, en lugar de pasarlas por alto.

Ser el mediador y el negociador entre mi jefe y mis empleados es un verdadero desafío. Cuando estoy en duda, trato de errar a favor del empleado.

Me centro en lo que tengo el control y le muestro respeto a mi jefe. Trato de guiar mediante el ejemplo, viviendo una vida en la que haya congruencia.

Mi jefe no es tóxico, y si lo fuera, me marcharía. Todo lo que hacen los jefes tóxicos es comunicar esa toxicidad, y no hay trabajo que valga tanto como para pasar por algo así.

Traicionado por un «amigo»

LO QUE MÁS ME AYUDÓ cuando mi socio me traicionó fue darme cuenta de lo inseguro que era él. Vi que no se podía ayudar a sí mismo. Tuve que seguir trabajando con él, pero me endurecí para no permitir que eso me comiera vivo.

Si una traición solo es una de tantas cosas irritantes, no le haría caso, aunque sería cauteloso en el futuro. Si es una traición seria, podría estar revelando unos defectos de carácter imprevistos. Confrontaría a mi amigo cara a cara y le diría justo lo que pienso hacer con esa situación.

Es importante que soltemos la ira que podamos tener hacia ese antiguo amigo. Sabiendo que tenemos la razón, seamos amistosos, pero no le digamos demasiadas cosas personales. Permitamos que sea una experiencia de aprendizaje.

Tenemos que decidirnos a perdonar. Al mismo tiempo, debemos ser cautelosos y mantener nuestras interacciones en el plano profesional. Para poder reconstruir la confianza que ha quedado rota va a hacer falta que se produzca un cambio en la conducta de nuestro colega.

Un colega se apodera del mérito por unas ideas que son tuyas

¡ME REÍ CUANDO sucedió! De veras. Allí estaba ese personaje diciéndole a todo el mundo, incluyéndome a mí, que a él se le había ocurrido mi idea y el producto mismo. Algunas veces pasan cosas absurdas en el trabajo. Sin embargo, en otra ocasión, mi jefe le atribuyó el mérito en una importante reunión a otro miembro del equipo por algo que en realidad era yo el que lo hizo. Eso me dejó pasmado. Entonces, ¿sabes una cosa? No importaba en realidad. Lo que necesité fue tragar en seco y olvidarme del asunto.

Hoy en día el robo de méritos se produce en los mensajes de correo electrónico. A la gente le parece más fácil engañar cuando no está frente a los demás; basta con leer lo que pone la gente en Facebook y en Twitter. Cuando sucede esto, contesto el mensaje con una copia a los que no se les atribuyó mérito alguno, y felicito a todo el equipo por sus logros. Hago una lista de todos los involucrados, incluso el que se quiso tragar todo el mérito. Esto le muestra a la persona que se atribuyó en un inicio ese mérito, que tú sabes cuál es la verdad, además de dársele el crédito a quien merece el crédito. Por manejar las cosas de esa manera, me han dado las gracias las personas a las que se les robó el mérito, y eso ha causado que el transgresor haya tenido que dar marcha atrás y pedirles disculpas a sus colegas.

Esto es lo que me digo: Sigue realizando tu trabajo de la manera más excelente que puedas, en humildad. Al final, la historia real es la que resplandece.

Tu jefe no se quiere enfrentar a los conflictos

SOLO UNA ADVERTENCIA sobre este: Yo pensaba que mi jefe actuaba de una manera pasiva, pero todo lo que sucedía era que estaba abrumado.

No tenía ni idea sobre cómo enfrentarse a los conflictos que había en nuestra oficina, y se sintió muy contento cuando hablamos con franqueza de la situación. Entonces comenzamos a trabajar para hallar las soluciones.

En una nueva posición, pronto me di cuenta de que el factor tensión era elevado en mi departamento, pero mi jefe había decidido permanecer ajeno a la situación. Así que convoqué a una reunión y les dije a los miembros de mi personal que me iba a reunir con ellos uno a uno para escuchar sus preocupaciones y sus sugerencias. Las directrices eran las siguientes: El equipo como un todo revisaría las preocupaciones y, hasta donde nos fuera posible, decidiría cuáles eran las mejores soluciones y las llevaría a la práctica. Los problemas con los compañeros de trabajo se expresarían dentro de una corrección de los procesos; ¡no se permitiría insultar a los compañeros! Les pedí que me concedieran una oportunidad y confiaran en mí, y lo hicieron. Los resultados fueron impresionantes. Repetimos este proceso cada dos o tres años, y desarrollamos un equipo fuerte y productivo.

Cuando un jefe es pasivo, pídele una reunión en privado y háblale de la necesidad de tener un liderazgo que resuelva los conflictos. Dale ejemplos concretos de lo que sucede, y sugerencias en cuanto a soluciones y a estrategias destinadas a fortalecer el equipo.

Si a tu jefe le desagradan los conflictos, o no es capaz de enfrentarlos, haz cuanto puedas por ayudarlo. Estás en una situación difícil, pero trata de formar parte de la solución, y acepta que quizá no seas capaz de resolver el problema.

Una pandilla envenena el pozo

ALREDEDOR DE LA MITAD DE NUESTRO equipo tenía unas actitudes negativas que afectaban a todo el mundo. Yo tomé la decisión de que sería una influencia positiva en el edificio, pasara lo que pasara. Así que empecé a hablar con mis colegas uno a uno para cambiar la química.

He aquí lo que me da resultado: Evaluar lo que está pasando, y quién está hablando y lo que está haciendo. Pensar en ajustar las asignaciones dentro del equipo. Darles autoridad a los miembros del equipo que tengan un espíritu positivo. Pensar en la posibilidad de una disciplina, si llega a ser necesaria.

Estás a punto de estallar

HE VISTO QUE DEMASIADOS empleados reaccionan en lugar de actuar. ¿Es necesario renunciar? ¡Estudia la manera de hacerlo y sigue adelante! ¿Necesitas fijar límites o hacer más ligera tu carga? Sé diplomático, pero firme. La vida es demasiado breve para seguir adelante en algo hasta que terminemos llegando al límite de nuestras fuerzas.

Si necesitas un nuevo empleo, aparta tiempo después de tu trabajo cada día para buscarlo. Durante el día de trabajo, agudiza las habilidades que te hagan un mejor candidato para el nuevo puesto. Mantente sereno y profesional. No quemes ningún puente ni tomes decisiones apresuradas, porque es más fácil conseguir un nuevo trabajo cuando aún se tiene el anterior. Maneja tu estrés haciendo ejercicios y reuniéndote con unos amigos en los que confíes.

Haz planes para tomar tus vacaciones y disfrutar de los fines de semana largos. Establece y mantén una vida saludable fuera del trabajo, dedicándote a actividades en las que disfrutes. Busca ayuda, aunque te parezca algo extraño.

Aprende de los errores. Piensa antes de hablar. Mantén al día tu currículum vítae.

Tu jefe humilla a tus compañeros de trabajo

PARA MÍ, esta es la línea roja definitiva. En una ocasión, mi jefe humilló a unas personas que trabajaban para mí y eso me enfureció. Me le enfrenté. Terminé dejando la organización a causa de sus actitudes. ¡Ningún jefe debe humillar a un empleado!

Si continúan las humillaciones, habla de ellas con tu jefe en privado. Evalúa lo mejor que puedas si tu jefe es alguien genuinamente tóxico o si se trata de una aberración producida por las circunstancias. Los jefes usan la humillación para dominar. Si tus compañeros de trabajo temen hablar claro, explora con ellos con todo cuidado las opciones, incluyendo la de presentar la situación a un nivel más elevado de la cadena de autoridad. Hay fuerza en los números. Y si las cosas llegan a su peor punto posible, márchate y sigue adelante.

OBSERVACIONES FINALES

SABEMOS que no te hemos dado todas las respuestas a las difíciles situaciones que encuentras en el trabajo. No podemos. En realidad, no hay respuestas fáciles. La vida, el trabajo y las relaciones son complicados y difíciles.

En cambio, sí tenemos la esperanza de que ahora tengas una comprensión mejor de lo que convierte a los lugares de trabajo tóxicos en lugares tan desagradables, y hayas adquirido algo de claridad sobre cómo pensar respecto a tu situación y a tus relaciones de trabajo. (Lo típico es que la niebla no se disipe en un instante; por lo general, se trata de un proceso que se va produciendo a lo largo del tiempo y como resultado de haber dado algunos pasos iniciales).

Nosotros mismos estamos aprendiendo más todo el tiempo. Por consiguiente, continuamos creando recursos para ayudarte a descubrir lo mala (o no) que es tu situación, ya sea que tu jefe sea de veras tóxico o solo un incompetente, y cómo decidir cuándo «es suficiente» y es hora de comenzar a buscarte otro trabajo.

Visita www.appreciationatwork.com/toxicworkplaces en busca de recursos, artículos y vídeos destinados a ayudarte a ti, y también a tus amigos o a los miembros de tu familia a aprender cómo levantarse por encima de un lugar de trabajo tóxico.

Gary Chapman
Paul White
Harold Myra

RECONOCIMIENTOS

ESTAMOS EN DEUDA con los numerosos líderes y trabajadores que se tomaron el tiempo para contarnos sus historias. Sus ideas, y su sinceridad, nos informaron y nos inspiraron.

También estamos en deuda con nuestro equipo de publicación, en especial con John Hinkley, Zack Williamson y Betsey Newenhuyse, por su dedicación a este proyecto, y su cuidado y creatividad al ayudarnos para que se convirtiera en una realidad.

ACERCA DE LOS AUTORES

Gary Chapman, uno de los expertos en relaciones más populares de Estados Unidos, es el autor de *Los 5 lenguajes del amor*, superventas número uno según el *New York Times*, y un gran número de libros más. Gary viaja por el mundo entero presentando seminarios. Para más información, visita 5lovelanguages.com

Paul White es psicólogo, escritor y conferenciante quien hace que «funcionen las relaciones de trabajo». Fue consultor de una amplia variedad de organizaciones, incluyendo Microsoft, la Fuerza Aérea de Estados Unidos, la Mesa Redonda del Millón de Dólares, la Universidad de Princeton y muchas más. Fue coautor con Gary Chapman del libro *Los cinco lenguajes del aprecio en el trabajo*. Para más información, visita appreciationatwork.com

Harold Myra ha escrito más de dos docenas de libros, de ficción y no ficción, entre ellos *Secretos del liderazgo de Billy Graham*. Durante sus treinta y dos años como jefe ejecutivo de una casa editora de revistas, la organización creció desde una sola revista hasta trece, estableciendo al mismo tiempo una floreciente página web.

visita

appreciationatwork.com

donde encontrarás medios y recursos en inglés
que te ayudarán en tu lugar de trabajo.